MIS
"HERMANOS"
ASESINOS

Mohamed Sifaoui

MIS "HERMANOS" ASESINOS

El estremecedor
relato de un
periodista que
logró infiltrarse
en células
de Al-Qaeda

AGUILAR

AGUILAR

Título original: *Mes «Fréres» Assassins*
Edición original: le cherche midi, 2003
Traducción: María Andrea Giovine Yáñez

Copyright © by le cherche midi, 2003

De esta edición:
D. R. © Aguilar, Altea, Taurus, Alfaguara, S.A. de C.V., 2003
Av. Universidad 767, Col. del Valle
México, 03100, D.F. Teléfono 54 20 75 30

Distribuidora y Editora Aguilar, Altea, Taurus, Alfaguara, S. A.
Calle 80 Núm. 10-23, Santafé de Bogotá, Colombia.
Santillana Ediciones Generales, S.L.
Torrelaguna 60-28043, Madrid, España.
Santillana S. A.
Av. San Felipe 731, Lima, Perú.
Editorial Santillana S. A,
Av. Rómulo Gallegos, Edif. Zulia 1er. piso
Boleita Nte., 1071, Caracas, Venezuela.
Editorial Santillana Inc.
P.O. Box 19-5462 Hato Rey, 00919, San Juan, Puerto Rico.
Santillana Publishing Company Inc.
2043 N. W. 87 th Avenue, 33172. Miami, Fl., E. U. A.
Ediciones Santillana S. A. (ROU)
Cristóbal Echevarriarza 3535, A.P. 1606, Montevideo, Uruguay.
Aguilar, Altea, Taurus, Alfaguara, S. A.
Beazley 3860, 1437, Buenos Aires, Argentina.
Aguilar Chilena de Ediciones Ltda.
Dr. Aníbal Ariztía 1444, Providencia, Santiago de Chile.
Santillana de Costa Rica, S. A.
La Uruca, 100 mts. Este de Migración y Extranjería, San José, Costa Rica.

Primera edición: junio de 2003

ISBN: 968-19-1294-2

D. R. © Diseño de cubierta: Antonio Ruano Gómez
Diseño de interiores: Times Editores, S.A. de C.V.

Impreso en México

Para todas las víctimas del terrorismo islamita.

Para mis compañeros argelinos caídos bajo las balas
de los asesinos islamitas.

Para Allaoua Aït Mebarek, Mohamed Dorbhane y
Djamel Derraza, mis compañeros en Soir d'Algérie
*(*Tarde de Argelia*), muertos*
en febrero de 1996 por una bomba islamita.

Para mi amigo Richard, quien perdió a su hija en un atentado
terrorista el 25 de julio de 1995, en París.

Índice

Prólogo

Soy musulmán, de origen argelino y periodista de profesión. Antes de que el mundo occidental descubriera el horror un cierto 11 de septiembre de 2001, yo, a semejanza de mis compatriotas argelinos, había vivido durante diez años los horrores del terrorismo islamita. Como muchos de mis compatriotas, perdí amigos, parientes, seres queridos. Esa herida indeleble no se borrará jamás.

Ese drama lo vivimos nosotros en Argelia sin la compasión de la opinión internacional. Lo digo sin rodeos: el mundo occidental no se había preocupado realmente por el peligro del terrorismo hasta que éste llamó a sus puertas. Yo nunca había sentido la ostentada solidaridad, por ejemplo, de Francia hacia los estadounidenses hasta que estos últimos se vieron sacudidos por los atentados de Nueva York y Washington. Ese día, entendí algo muy importante: se diga lo que se diga, se repita el discurso que se repita, en Occidente, la vida de un argelino no vale lo que la de un estadounidense, así como la vida de un ruandés no vale la de un francés.

No obstante, estas verdades no me impidieron seguir con mi combate contra el radicalismo islámico, por miedo de que este fenómeno alcanzara a Francia y amenazara la seguridad de ese país que me acogió en su seno y que se ha convertido igualmente en el mío. Aunque algunas corrientes aquí, en Francia, se siguen tapando los ojos, buscando quién es islamita "moderado" y quién integrista "radical", justificando en el trayecto los crímenes cometidos por este "fascismo" en las cuatro esquinas del globo, y sobre todo en Argelia, nunca bajé la guardia y seguí con mi acción —que es también la de millones de personas en todo el mundo— para denunciar el islamismo como ideología que alimenta este terrorismo vil que, desde Filipinas hasta Chechenia y desde el Cercano Oriente hasta el rincón más lejano de África, amenaza a poblaciones enteras. Los atentados con bombas se suceden a un ritmo infernal.

Para quienes no imaginan el trauma y la desolación de un ataque explosivo, referiré el atentado del que escapé:

Una tarde tranquila de febrero de 1996, Argel estaba bañado por un sol primaveral. Yo estaba, con otros colegas, en una sala de redacción cumpliendo con mi oficio de periodista. El ambiente era sereno. Estábamos en pleno mes del Ramadán. Tenía prisa por terminar mi artículo para abandonar mi lugar de trabajo e ir a dar una vuelta al mercado. Un colega, Hocine, llegó para pedirme que saliera de la sala de redacción para contarme un chiste. Eso me salvaría la vida. De hecho, apenas habíamos puesto los pies en el exterior cuando una inmensa explosión se hizo sentir. En una fracción de segundo, la sede del periódico quedó arrasada. Yo había dejado colegas en el interior de la sala de redacción. Los encontraría, ahí, inanimados como si durmiesen, bajo una pila de escombros, vigas y polvo. ¡No! No dormían. Mohamed Dorbhane, un talentoso periodista, padre de cuatro hijos, había muerto al instante. Djamel Derraza, nuestro crucigramista, padre de dos hijos, estaba despedazado. Allaoua Aït Mebarek, nuestro director de redacción, soltero empedernido, un artista amante de la vida, también estaba muerto. Afuera, unas 30 personas que pasaban por ahí, seres anónimos cuyo único error había sido encontrarse en el lugar equivocado en el momento equivocado, habían perdido la vida. Un furgón atiborrado con 300 kilos de TNT acababa de volar varios edificios. Argel vio que su cielo se ensombrecía. Ese día, entendí algo fundamental: me sería absolutamente necesario luchar contra esta ideología fascista y contra los que la sostienen para que nunca más queden lugares esperando una explosión.

En la investigación publicada en esta obra, asumí mis responsabilidades. Si he tomado tantos riesgos y he expuesto así a los míos a peligros ciertos y tal vez a porvenires inciertos, por ningún motivo se debe a una mediocre búsqueda de fama. Tampoco es por valor ni por egoísmo; es, antes que nada, por convicción. Una convicción me revigoriza cada vez que leo en las columnas de algún periódico esos horrores que apoyan al islamismo radical o que justifican al terrorismo, cada vez que escucho esos discursos indecentes "de los derechos humanos" que casi denuncian a la víctima y se compadecen del verdugo. Son este tipo de comportamientos los que permitieron a Hitler tomar primero el poder, luego declarar la guerra y por último exterminar a millones de judíos porque eran judíos.

Me niego a dejar que el islamismo y quienes se reconocen en él aterroricen a nuestros niños y pongan en peligro el devenir de todas las sociedades. Ésa es la razón por la que, desde que tuve oportunidad de infiltrarme en una red islamita, lo hice con el fin de revelar el funcionamiento de esas estructuras, cuyos únicos planes consisten en inflamar al mundo y en aterrorizar a las poblaciones civiles. Francia no está exenta de este peligro. Como prueba, durante más de tres meses, viví entre hombres que profesan un odio inconmensurable a este país y que con toda seguridad no dudarían, al llegar el momento, en provocar dramas y desgracias.

El siguiente relato, de alguna forma, es el diario que sostuve durante tres meses y en el cual mencioné todo lo que vi, oí y observé durante mis contactos con los islamitas, a quienes llamaré "mis hermanos". Este testimonio servirá, espero, para una mejor comprensión del islamismo radical y de su compañero, el terrorismo.

Introducción

El primero de octubre de 2002, en la audiencia provincial en París, se abría el juicio de dos autores de atentados que habían sacudido a la capital francesa durante el año de 1995: Boualem Bensaïd y Smaïn Aït Ali Belkacem. Los dos acusados son islamitas pertenecientes al GIA (Grupo Islamita Armado), esa organización terrorista que, desde hace diez años, no ha dejado de cometer las peores atrocidades contra la población civil, los intelectuales, los periodistas y las fuerzas de seguridad, con la meta de provocar la caída del Estado argelino y dar nacimiento a un Estado teocrático. Es con esa lógica que esta organización, que había logrado extender sus ramificaciones en varios países occidentales y árabes e instalar redes fijas en algunos países europeos, sobre todo en Francia, Gran Bretaña, Alemania, Bélgica y Suiza, entre finales de 1994 y comienzos de 1995, decidió exportar su "guerra santa" al Hexágono con el fin de incitar al gobierno francés a *ya no sostener el régimen apóstata de Argel*. De hecho, desde 1993 y con la llegada de Édouard Balladur a Matignon, se le había dado una patada al hormiguero islamita que actuaba sobre el territorio francés. Esta toma de conciencia había sucedido al laxismo de los gobernantes de derecha que realmente no habían apreciado el paro del proceso electoral decidido por la armada y sostenido por grandes estratos de la sociedad, cortando así la vía a los islamitas del Frente Islámico de Salvación (FIS), y evitando una verdadera afganización del país.

En consecuencia, el tribunal debía juzgar a dos terroristas enviados por el tristemente famoso Djamel Zitouni, entonces jefe del GIA, para coordinar y participar en una ola de atentados que costaría la vida a ocho personas y heriría a más de 200. Este juicio, que debía durar hasta el 31 de octubre de 2002, no dejó de llamar la atención de la opinión pública, muy preocupada por su seguridad sobre todo tras los atentados del 11 de septiembre de 2001. Por mi parte, yo debía cubrir por completo este evento judicial. Tenía varias razones para hacerlo. Primero, por razones profesionales: los responsables de *La Voix de Luxembourg* (*La voz de Luxemburgo*), un periódico luxemburgués en el cual colaboro, me habían encargado cubrir el juicio. Además, tras haber publicado en septiembre de 2002 un libro sobre el islamismo y la amenaza terrorista*, seguí muy de cerca los sucesos ligados al terrorismo islamita.

Por último, no dejé de interesarme en este asunto desde 1995, año de los atentados sobre suelo francés, más aún cuando una corriente de pensamiento en Francia siempre ha justificado a los terroristas islamitas arguyendo, sin pruebas, que esos actos atroces eran obra de los servicios secretos argelinos. El juicio finalmente iba a permitir que se manifestara la verdad. De modo que son varias las razones que me incitaron a no perder de vista este juicio, ni siquiera por un segundo. No lo iba a lamentar...

---

* *La France malade de l'islamisme. Menaces terroristes sur l'Hexagone,* (Francia enferma por el islamismo. Amenazas terroristas al Hexágono). Le cherche midi, 2002.

Para entender lo que pasaría enseguida, es necesario regresar brevemente a los atentados de 1995 y al juicio mismo.

El 11 de julio de 1995, Abdelbaki Sahraoui, el imán de la mezquita de la calle Myrha, en el distrito 18 de París, fue asesinado junto con uno de los asistentes. Dos semanas después, una bomba explotaba en una rama del RER B a la altura de la estación Saint Michel.* Entre julio de 1995 y septiembre del mismo año, se cometieron varios atentados. Otros atentados con bombas fracasaron, afortunadamente, a menudo en razón de un mal funcionamiento en el sistema de ignición. Después de varias semanas de investigaciones, los servicios de policía identificaron una primera célula terrorista que actuaba en la región lyonesa. Ésta, dirigida por un tal Khaled Kelkal, joven delincuente reciclado en el islamismo, estaba compuesta por varios miembros, todos cercanos a grupos terroristas argelinos o, por lo menos, simpatizantes con la acción de los islamitas en todo el mundo. Anteriormente, una primera célula se había desmantelado en Chasse-sur-Rhône. Ésta, compuesta por islamitas de origen argelino y jóvenes convertidos al Islam, ayudaba a los terroristas en el plano de la logística.

Kelkal había sido identificado gracias a unas huellas dactilares encontradas sobre una bombona de gas que debía explotar sobre la vía del TGV** que une Lyon con París. Tras algunos días de persecución, los policías habían atrapado al terrorista lyonés cerca del bosque de Malval. Antes que él, otro islamita había sido herido: Karim Koussa.

---

* RER son las siglas de "*Réseau Express Régional*" (Red Exprés Regional o red de trenes de cercanías de París). [N. del T.]
** "TGV" son las siglas de "train à grande vitesse", (tren a gran velocidad), en español, estos trenes se conocen como TAV (trenes a velocidad). [N. del T.]

Este último, algunos días antes de la neutralización de Kelkal, había intercambiado balazos con la policía para proteger la huida de su cómplice y amigo de la infancia. Fueron los indicios encontrados tras la neutralización de la célula lyonesa y los numerosos interrogatorios los que iban a permitir el arresto de otros miembros del grupo. Los servicios de policía también llamaron a Nassreddine Slimani, cuyos documentos de identificación iban a servir para cubrir las actividades de algunos miembros del grupo. Él debía, digamos, tomar la cabeza de una nueva célula en Lyon. Boualem Bensaïd, quien había encontrado en París a Nassreddine Slimani, confiándole al paso una receta de fabricación de bombas, fue detenido en París a comienzos de noviembre de 1995. Bensaïd, emir del GIA, vino especialmente de Argelia para coordinar la ola de atentados con Smaïn Aït Belkacem, quien estaba muy activo en la región de Lille preparando otros atentados.

Todo este periplo terrorista se debía entonces reconstituir al momento del juicio. Lo cual, periodísticamente, era más que interesante pues subsistían zonas de sombra que no dejaban de proyectarse sobre este asunto. En principio, actores de primer orden faltaron al llamado. Ali Touchent, considerado por mucho tiempo como el "cerebro" de las operaciones había sido eliminado en Argel en mayo de 1997, tras haber abandonado Francia y regresado a Argelia, contando con documentos falsos, a través de otro país europeo. Khaled Kelkal, jefe de la célula lyonesa, estaba muerto y Rachid Ramda quien, según los elementos de la carpeta, había financiado las operaciones terroristas desde la capital británica, fue detenido en Londres y las autoridades inglesas se negaron a creer que la ola de atentados había sido perpetrada por un cuarteto de integristas. De pronto, el grupo daba la impresión de ser demasiado vasto para no contar más que con dos acusados. Yo seguía convencido de que otros cómplices estaban todavía libres; por tanto, con la perspectiva y la esperanza de averiguar más, decidí investigar. ¿Pero por dónde empezar? Este asunto ya era lo suficientemente complicado para los servicios de seguridad, ¿cómo podría yo averiguar más? En ese momento, estaba lejos de sospechar que algunas semanas más tarde iba a encontrarme en la intimidad de una célula islamita parisina.

En el curso de mis actividades periodísticas, y sobre todo al momento de mi paso por Afganistán y Pakistán, a menudo tuve la oportunidad de hacerme pasar por islamita. Me resultaba fácil, ya que conozco la ideología islamita y puedo decir sin pretensión que la conozco como la palma de mi mano. Desafortunadamente para mí, también tenía una gran desventaja,. Al haberme expresado con frecuencia, por medio de libros, artículos en la prensa o paneles en televisión, sobre las cuestiones ligadas al islamismo y al terrorismo, estoy "quemado" en ese medio, lo cual no impide, como lo decidí, probar mi suerte de cualquier modo. El presente relato es entonces un testimonio sobre la aventura que viví durante varias semanas con islamitas que tenían como objetivo lanzarse a la acción armada. Estos últimos llevan ya una actividad subterránea para ayudar en un plan logístico a los terroristas que han pasado a la acción. Conocidos y con seguridad vigilados por los servicios de seguridad, siguen, sin embargo, sirviendo a la causa de la *jihad* de diversas maneras. Eso es lo que explicaré en las páginas siguientes.

Mi encuentro con Karim y mis nuevos hermanos

Desde el primer día del juicio, me daría cuenta de la presencia en la sala de algunos integristas, que visiblemente habían ido a apoyar a sus "hermanos". Uno de ellos iba a demostrar una asiduidad que no dejaría de intrigar a un buen número de observadores.

En ese primer día, uno de esos islamitas se dirigiría a los medios a pesar de todo. Su discurso, al igual que su apariencia, no dejaba ninguna duda sobre su pertenencia ideológica. Era un integrista convencido que apoyaba plenamente a los dos acusados. Confió a los periodistas que se llamaba Mehdi Terranova. De padre siciliano y de madre libanesa, este joven con apariencia de gigante era ostensiblemente un convertido. Yo aproveché su prolijidad para hacerle algunas preguntas. Quería saber sobre todo si conocía a Boualem Bensaïd y a Smaïn Aït Belkacem. Respondió afirmativamente. ¿Cómo los conocía? Había hecho "deporte" con Bensaïd y era "un primo" de Aït Ali Blekacem. Estas afirmaciones me parecieron falsas: un joven francés de padre siciliano y madre libanesa, primo de un argelino no era algo muy común. En realidad, lo supe algunas semanas después, Mehdi los había conocido en prisión. En efecto, había sido arrestado en un asunto de derecho común, en 1995, y se había convertido al

Islam al contacto con los detenidos islamitas. Mehdi, cuyo verdadero nombre era Rudy Terranova, era el yerno de un caíd, Jean-Pierre Paul, asesinado en 1995 en un ajuste de cuentas en la región parisina. Su madre se suicidaría algunas semanas más tarde y él, tras una pelea, dejaría casi muerto a uno de los que estaban detrás del asesinato de su suegro. Es la razón por la cual estaría en prisión. Entonces, sólo tenía dieciséis años. Libre al cumplir la mayoría de edad, se metería al ejército, se entrenaría en las tropas de elite, seguiría cursos de explosivos y de tiro antes de abandonar las fuerzas armadas para consagrarse a la causa islamita.

Mehdi y otros dos "barbados" seguían los debates, el primer día, permaneciendo de pie en el fondo de la sala de audiencias, lo cual no dejaría de intrigar y exasperar a los civiles, que interpretaron esta presencia como una provocación de su parte, y más aún ya que no dudaban en intercambiar guiños y gestos con los dos acusados. En *La Voix du Luxembourg* (*La voz de Luxemburgo*) del jueves 3 de octubre de 2002, concluí mi artículo de la siguiente manera: "... tres barbados, de pie en el fondo de la sala, sonreían e intercambiaban guiños con los acusados. Esos barbados se presentaron ante los periodistas como primos de los dos combatientes. Inquietante..." Estaba lejos de sospechar al escribir esas frases, que, algunas semanas después, yo iba a llamar a esos mismos "barbados" mis "hermanos".

Con la suerte de mi lado

La primera semana del proceso, que llegaba a su fin, me reconfortó en mis convicciones respecto al islamismo. Los dos acusados cambiaron su actitud radicalmente. Tras haber confesado todo ante los investigadores y los magistrados instructores, negaron frente al tribunal incluso lo evidente. Boualem Bensaïd llevó el ridículo hasta no reconocer su propia fotografía de identidad fija sobre un documento administrativo falso. Mientras las partes civiles estaban escandalizadas por una actitud tal, los "barbudos" de pie en el fondo de la sala mostraban con una cierta ironía y no sin arrogancia que las provocaciones de los dos acusados los alegraban.

Consagré un largo fin de semana, del viernes 4 al domingo 6 de octubre, a trabajar. En realidad, había previsto realizar una investigación televisada sobre las redes del terrorismo islámico en Europa, por tanto, había llamado por teléfono a algunos contactos en Londres y en Madrid con quienes tenía la costumbre de trabajar, para afinar los ángulos que quería tratar. Igualmente, me había remitido a mi documentación con el fin de encontrar los escritos que relataban la investigación sobre los atentados parisinos. Estaba en tratos con una cadena de televisión y una casa de producción para realizar un gran documental pero nada se había concretado. Además, se trataba de que yo comenzara desde ese mes de octubre y de poner de lado la cobertura del juicio.

Mehdi y los otros dos islamitas habían seguido los debates de la primera semana de audiencia. Desde la segunda semana, se escabulló al igual que uno de los otros dos. Solo, el tercero, un hombre como de treinta años, barbado, con el cabello largo recogido en una cola de caballo, vestido con un traje pakistaní, seguiría presente casi cotidianamente en el recinto del Palacio de Justicia para seguir el juicio. Muy discreto, ese hombre, que intrigaba por su comportamiento, no dirigía la palabra a nadie. Miraba de hito en hito a todo el mundo al momento de las interrupciones de la sesión y regresaba a la sala en cuanto se retomaban los debates. Sin embargo, lo vi dis-

cutir con el maestro Van der Meulen, el abogado de Smaïn Aït
Belkacem. Había decidido ir a verlo. Sin precipitarme. Me dije que
era necesario esperar el momento adecuado para realizar el mejor
acercamiento posible. Las miradas que me lanzaba de vez en cuando
me hacían pensar que me había reconocido, puesto que mi fotografía
figura en un libro que acababa de publicar el 10 de octubre. Durante
una suspensión de sesión, me encontré, por azar, frente a frente con
el "barbado". Nuestras miradas se cruzaron y con una falsa ingenuidad le lancé la siguiente frase: "Discúlpeme, ¿es usted musulmán?"
Él muy bien hubiera podido agregar. "¿Por qué?, ¿qué no se ve lo
suficiente?" Como para dar más en el clavo dije a continuación:
"*Essalamou Alaykoum* (que la paz sea contigo), yo también soy musulmán", y le estreché la mano. Me dio la impresión que le daba
gusto que alguien se acercara a él. Inmediatamente comenzó por evocar el juicio: "Ya has visto, hermano, como tratan a los musulmanes." Entonces le pregunté si conocía a los dos acusados. "¡Sí! Los
conozco", me respondió. No quería hacer gala de más indiscreción,
por lo menos en ese momento. No obstante, le propuse ir a tomar un
café conmigo afuera del Palacio de Justicia. Aceptó. Entonces, nos
dirigimos hacia la salida para continuar en dirección de la plaza de
Châtelet, que quedaba muy cerca. En el camino, mi nuevo "amigo"
me reveló que mi rostro no le era desconocido. "Qué mal", me dije,
"mi carta de póquer no funcionó." En efecto, durante los últimos dos
años, varias veces había aparecido en los medios: una polémica con
un editor poco escrupuloso, otra con una corriente de pensamiento
que se empeñaba en justificar a los integristas, sobre todo a los argelinos, dos libros publicados con mi fotografía al reverso, algunas in-
tervenciones en diferentes cadenas de televisión, varias editoriales
firmadas en la prensa escrita; en resumen, todo para no pasar inad-

vertido. Entonces, estaba quemado. Para mi gran sorpresa, no era de eso de lo que el barbado quería hablar. "¿De casualidad no estudiaste en el liceo Émir-Abdelkader de Bab el-Oued?" Recibí esta pregunta como el golpe de un mazo sobre la cabeza. Efectivamente, había asistido a ese lugar durante mis estudios secundarios en los años ochenta. "¡Sí!", respondí no sin sorpresa. "¿No estuviste en el salón con tal y cual?" Me citó nombres de antiguos compañeros de clase nativos del barrio de Bab el-Oued. Al no ser originario de ese barrio argelino, había elegido ese liceo porque en él tenía a varios amigos; por tanto, había asistido al mismo liceo que mi interlocutor. ¡Qué suerte! Recordaba mi cara, pero no se acordaba de mi nombre. "¡Me llamo Djamel Mostaghanemi!", le dije entonces con seguridad, como para refrescarle la memoria antes de preguntarle cuál era su nombre. "Karim Bourti", respondió. Finalmente conocía el nombre de ese islamita. Además, estaba seguro de que ésa era su identidad verdadera, ya que exhibía una credencial de trabajo y una identificación para mostrarme sus fotos antes de convertirse en islamita, es decir, sin barba ni cola de caballo, sin *djellaba* ni traje pakistaní o afgano. Por mi parte, acababa de asumir una nueva identidad y era preciso mantenerla el mayor tiempo posible. Igualmente, adopté una nueva personalidad, sostenía un discurso nuevo y predicaba un mensaje que me era ajeno. Quería ser creíble a los ojos de mi nuevo "amigo", quien además no tardó en hacerme preguntas precisas sobre mis convicciones religiosas. Me presenté como un islamita convencido, pero que debía perfeccionar su formación ideológica. Tampoco quería hacer demasiado. Los recuerdos de juventud y mi discurso pusieron en confianza a Karim. El terreno era favorable para que estableciera con él una rápida amistad. Me puse a proclamar la acción de los islamitas argelinos y a rememorar la edad de oro del FIS en Argelia. En mi discurso, no olvidé "alabar" la acción de Osama Bin Laden. No tenía necesidad de agregar nada; Karim confiaba. Durante una hora y media, charlamos sobre todo del Islam y de Argelia con un café. Fui yo quien interrumpió esa entrevista hacia las 18:30 recordándole a mi interlocutor que era hora de la oración del *Maghreb* (la puesta del sol).

Cada uno partió por su lado. De regreso a casa en metro, no podía impedir meditar sobre la discusión que acababa de tener con ese islamita. Había podido reunir suficientes elementos sobre él. Su nombre, el barrio en el que vivía y sobre todo su activismo, ya que durante nuestra conversación me había dicho que lo habían condenado a tres años de prisión por "asociación delictuosa en relación con una empresa terrorista". Karim había sido detenido en una redada en 1998 en la víspera del mundial de futbol, y lo habían acusado de participar en la preparación de atentados terroristas durante esa manifestación deportiva. Al igual que todos los terroristas islamitas, había gritado contra la injusticia.

Al llegar a mi casa, me precipité sobre mi computadora y mis documentos en búsqueda de información sobre los arrestos de 1998. En efecto, descubrí el nombre de Karim Bourti, a quien habían condenado, aunque parezca imposible, por "asociación delictuosa en relación con una empresa terrorista". Su caso estaba íntimamente ligado con el de Omar Saïki, considerado como el jefe de la red desmantelada algunas semanas antes del comienzo del mundial. Realmente yo tenía suerte. Acababa de caer sobre un pez gordo. A pesar de los riesgos, decidí en ese instante que me era preciso investigar sobre ese personaje. Sin embargo, mi experiencia me dictó avanzar con la mayor prudencia. Debía actuar rápido para sacar el máximo de información sin por ello ceder a la precipitación. Sobre todo, era preciso no despertar las sospechas de Karim y dejar que las cosas tomaran su lugar casi naturalmente. Aproveché el fin de semana para reflexionar sobre mi estrategia.

La segunda semana del juicio estaba consagrada a escuchar a los testigos. Investigadores y expertos debían sucederse ante el tribunal para retomar los elementos de la investigación. El juicio entró en lo más profundo del tema y las pruebas se acumulaban contra los dos acusados a pesar de su obstinación por negarlo todo. Se sabía que, la semana siguiente, un testigo importante iba a ser citado ante el tribunal: Nassreddine Slimani, un joven lyonés que había sido condenado a ocho años de prisión por "asociación delictuosa en relación con una empresa terrorista". Slimani era amigo de Kelkal y había formado parte de la célula lyonesa antes de que fuera completamente desmantelada en el otoño de 1995. Debido a que no había estado presente en el momento del llamado a los testigos, los periodistas no dejaban de preguntarse si iría al tribunal el lunes siguiente, es decir, el 14 de octubre. Con una colega, periodista de France 2*, que también seguía el juicio, habíamos decidido partir en su búsqueda. De este modo, el viernes 11 de octubre, hacia las 17:30, tomé el TGV, con un equipo de televisión, con destino a Lyon.

Desde nuestra llegada, rentamos un auto para ir a Vaulx-en-Velin, el barrio natal de la mayoría de los miembros de la célula lyonesa, implicados, de cerca o de lejos, en los atentados de 1995. En vano buscamos en el Minitel** el número de teléfono de Slimani. Sin embargo, teníamos números correspondientes al mismo patroními-

---

* "France 2" es la segunda cadena televisiva pública francesa. [N. del T.]

** El Minitel cumple con el servicio de lo que en México se conoce como "Sección amarilla", pero con muchas otras funciones. [N. del T.]

co. Era nuestra única pista. Tras muchas búsquedas y peripecias, seguíamos sin encontrar a nuestro famoso "testigo". Descorazonados, decidimos ir al hotel. No obstante, teníamos una pista. Alguien a quien habíamos confundido con Nassreddine Slimani nos había afirmado que tenía un parentesco con la persona que buscábamos y que él nos ayudaría desde el día siguiente a encontrarla. Sin embargo, decidimos llamar a información y pedir los números telefónicos de todos los Slimani que vivían en la región. Aunque habíamos reunido varios números, nuestra diligencia se había revelado infructuosa. Desanimados, retomamos nuestra búsqueda al día siguiente.

Sábado 12 de octubre de 2002. Desde las nueve de la mañana, estábamos en Vaulx-en-Velin. Nos habían mostrado una panadería en donde atendía un Slimani, quien me despachó rápidamente especificando que no conocía a la persona que yo buscaba. Finalmente, fue la periodista que me acompañaba quien lograría dar con el teléfono de Nassreddine Slimani tras haber marcado otros números que nos dio el servicio de investigación. Ella le sacó una cita para las 11:30 de la mañana en un café en Vaulx-en-Velin. Nuestro "testigo" ya sabía que los periodistas lo estaban buscando. Aceptó vernos sin cámaras ni micrófonos.

A la hora de la cita, un hombre joven como de treinta años se presentó ante nosotros. Con pantalón de mezclilla, jersey, cazadora marrón, casi rapado, el hombre estaba lejos de tener el perfil típico islamita. Bien presentado, con mirada inteligente y una eterna sonrisa en los labios, este antiguo miembro de la red Kelkal tenía la apariencia de una persona sin historias. Nada indicaba que ese hombre estaba convencido de las tesis islamitas y que había sostenido (directa o indirectamente) a terroristas que habían perpetrado atentados en Francia y en otros sitios. Íbamos a invitarlo a sentarse, pero como la terraza del café estaba ocupada por completo, sugerí que fuéramos a un lugar más tranquilo. Entonces, nos indicó una pizzería situada a algunos metros de ahí. Eso venía bien, ya que era hora del almuerzo y le propusimos que comiera con nosotros. Se negó. Slimani, como adiviné, ayunaba. De hecho, sucede que los musulmanes ayunan durante el mes que precede al Ramadán. Entablamos la conversación entrando al meollo del asunto. ¿Se iba a presentar el lunes siguiente ante el tribunal? "Todavía no lo sé", respondió lacónico. Regresamos entonces a los atentados de 1995. Slimani nos confirmó que había dado todos sus documentos de identificación a Abdelkader Maameri, otro miembro de la red Kelkal, pero que ignoraba el uso real al cual estaban destinados. Maameri le había dicho que los papeles servirían para facilitar "cuidados a un hermano clandestino".

"Quería justamente ser de utilidad", nos dijo. Muy bien hubiera podido encontrar simpático a este chico si, en un momento dado, no hubiera mostrado el rostro que caracteriza a los integristas musulmanes.

"¿Condena usted los atentados de 1995?" A esta pregunta el chico "encantador" se mostró como era: un islamita que aprueba la muerte de víctimas inocentes. Su respuesta, de hecho, fue edificante: "¡No! No los condeno. ¿Quién soy yo para condenar? Sólo Dios puede condenar." A partir de ese instante, este individuo ya no podía ser inocente a mis ojos. Era culpable, incluso si no había confeccionado o colocado las bombas. Cuando se dio su encuentro con Boualem Bensaïd, en París, el 31 de octubre de 1995, Slimani había recuperado una receta que servía para la fabricación de un artefacto explosivo. El día de su arresto, lo habían encontrado con ésta, transcrita sobre un pedazo de papel. Nassreddine Slimani nunca desmintió esta información, contenida en una carpeta de instrucción. Entonces, decidí evocar con él los asuntos molestos.

—¿Por qué recuperó usted esta receta? —le lancé, *ex abrupto*.

Nuestro interlocutor, hasta entonces seguro de sí y sonriente, evidenció molestia ante esta pregunta.

—¡Es una pregunta a la que desearía no responder!

—¿Por qué? Usted dice que es inocente y que no hay nada que reprocharle.

—No quiero responder porque mi respuesta molestaría a otras personas.

¿Quiénes? Slimani siguió mudo. ¿Acaso debía dar esta receta a otras personas no identificadas por los investigadores? ¿Debía fabricar él mismo un artefacto explosivo y reconstituir una célula en Lyon tras la eliminación de Khaled Kelkal? Difícil de dilucidar...

Luego de haber pasado más de dos horas con ese antiguo miembro de la célula lyonesa, nos fuimos dándole cita para el lunes siguiente en el Palacio de Justicia. Estábamos casi seguros de que estaría presente, ya que, durante nuestra entrevista, nos había dicho claramente: "Es posible que vaya a rendir testimonio porque estoy citado por la defensa. No me habría desplazado si me hubiera citado la parte acusadora." La solidaridad entre islamitas es inquebrantable. Le dejé mi número de teléfono con el nombre de Djamel Mostaghanemi. El mismo pseudónimo que le había dado a Karim Bourti, dos días antes. No lo iba a lamentar.

El sábado al final de la tarde, de regreso en mi casa, me puse a escribir mi artículo inmediatamente. No quería perder tiempo puesto que la información todavía estaba fresca en mi mente. Slimani no había aceptado que tomáramos nota. En el tren que nos llevó de regreso a París, habíamos transcrito en nuestros carnés la conversación que acabábamos de tener con ese antiguo cómplice de Kelkal.

Lunes 14 de octubre de 2002. El juicio de dos islamitas del GIA se debía retomar hacia las dos de la tarde. Los asistentes se preguntaban si Slimani iba a responder a la convocatoria de la justicia. Al momento de llegar al tribunal, dos colegas me dijeron que se habían cruzado con él en los pasillos. Cuando se abrió la audiencia, el testigo efectivamente estaba ahí, frente al tribunal. De inmediato, tuve la impresión de no reconocer a la persona que había visto durante el fin de semana. El rostro sonriente y la apariencia de hombre bien educado cedían su lugar a la verdadera naturaleza fundamentalista. La arrogancia suplantaba a la humildad. La intolerancia tomaba el sitio de la gentileza. En realidad, el islamita dominaba al ciudadano. Su declaración estuvo rodeada de incidentes. Primero, el testigo se negó a prestar juramento; luego, no mostró ninguna compasión hacia las víctimas y, por último, dio prueba de una hipocresía sin límites. Si frente a nosotros se había negado a condenar los atentados de 1995, frente a los jueces se contentó con decir que no estaba "de acuerdo con esos actos", lo que está lejos de constituir una condena clara de los actos que costaron la vida a ocho personas e hirieron a más de 200. La disimulación y la mentira son técnicas que los islamitas usan con frecuencia. ¿No es uno de sus eslóganes "¡la guerra es un ardid!"?

Al final de su audiencia, me dirigí inmediatamente hacia Nassreddine Slimani. Quería verlo afuera. Aceptó. Fui el primero en salir de la sala de audiencias, dejándolo a merced de las cámaras de televisión que lo acosaban mientras él escondía el rostro bajo la capucha de su cazadora. Al dejar la sala, me crucé con Karim. Me hizo saber que quería discutir con Slimani.

"¿Lo conoces?"

"¡Sí!", me respondió sin más precisiones. Aproveché un movimiento de la multitud para dejar bruscamente a Karim. Entonces vi a Slimani en el fondo del pasillo del Palacio de Justicia. Apreté el paso para alcanzarlo mientras los camarógrafos lo seguían persiguiendo. Cuando llegué a su altura, le hice saber que ya no había ningún periodista. Me saludó y juntos abandonamos el Palacio de Justicia. Una vez afuera, lo interrogué sobre sus impresiones tras la audiencia. Como la primera vez, sólo mostró desprecio hacia la justicia. Caminando, discutimos nimiedades. Me hizo saber que debía ausentarse durante dos meses, según dijo, por vacaciones en el extranjero. Dos meses de vacaciones para alguien que acaba de salir de prisión luego de seis años de detención, es algo raro. ¿Con qué dinero? Esta pregunta todavía me perfora la mente. Antes de separarnos, lo persuadí de dejarse entrevistar por mis colegas de France 2. Slimani aceptó finalmente ante mi insistencia tras haberse rehusado primero. Algunos minutos más tarde, respondería a las preguntas de los periodistas de la cadena de televisión. Al final de la entrevista, le hice saber que Karim Bourti lo estaba buscando.

"¿Dónde está?", me preguntó, bastante sorprendido de que yo lo conociera.

"Sigue en el interior del Palacio de Justicia."

"¿Puedes decirle que lo espero en la plaza de Châtelet?"

"¡Claro!", le dije, convencido de que esos pequeños detalles no dejarían de jugar en mi favor para mis proyectos de infiltración en los medios islamitas.

De vuelta en la sala de audiencias, no podía sino sentirme satisfecho por la manera en que los sucesos se desarrollaban. Eso confirmó mi opinión según la cual los islamitas implicados en los asuntos de terrorismo se conocían casi siempre, aunque estuvieran separados por centenas, incluso miles de kilómetros. Además, hoy es precisamente eso lo que amenaza la paz en las cuatro esquinas del planeta. ¿Cómo se conocieron Slimani y Bourti? ¿En prisión o bien ya estaban en contacto en 1995? Si la segunda hipótesis se confirmaba, significaría que Karim Bourti pertenecía a la red desde 1995. Subrayo esta hipótesis porque en ese día, miembros de la red responsable de los atentados parisinos seguirían en funcionamiento, ya que los investigadores, muchas veces, han sospechado de la existencia de otra célula parisina cuyos miembros no han sido identificados hasta el momento. Además, Karim Bourti, que conoce a Boualem Bensaïd y a Smaïn Aït Ali Belkacem, llegó a Francia entre finales de 1994 y principios de 1995, casi en el mismo periodo que los otros dos terroristas del GIA, enviados a Francia por Djamel Zitouni.

De regreso a la cámara correccional, en donde se daba seguimiento al juicio después de algunos minutos de suspensión, encontré a Karim, de pie, como de costumbre, en el fondo de la sala. Lo hice salir bajo la mirada estupefacta de los policías, quienes no entendían qué chanchullos podía tener yo con ese integrista. Afuera, le dije que Slimani lo esperaba en el lugar que este último me había indicado. Karim me agradeció vivamente con un "*barak Allah fik* (que Dios te bendiga), hermano", visiblemente conmovido por esta atención que yo tenía hacia él. Mi nuevo "amigo" sabía que, en ese tribunal, estaba en terreno hostil. Todo el mundo lo miraba con un aire de desconfianza. Yo era el único que le dirigía la palabra; desempeñaba a fondo el papel del perfecto hipócrita. Karim se dio prisa en ir a reunirse con su "correligionario" y quizá cómplice, mientras yo regresaba a la sala de audiencia para seguir los debates.

Después de esta jornada más bien agitada, Karim estuvo ausente al día siguiente. Yo estaba preocupado. Era la primera vez desde el inicio del juicio en que algún islamita no se presentaba para apoyar a "los hermanos". Se había convertido en un ritual. Cada vez que se abría la audiencia, los dos acusados lanzaban una mirada al fondo de la sala antes de sonreír a Karim o a Mehdi. Ese día Bensaïd escrutó la sala a lo largo y a lo ancho antes de bajar los ojos, aparentemente desilusionado por no ver a sus "hermanos". Al día siguiente, Karim estaba de regreso. Lo vi antes de que se abriera la audiencia cuando yo estaba discutiendo con unos colegas periodistas. Me libré de ellos para ir a sentarme junto a él en uno de los bancos. Estaba contento de verme. Ese día, íbamos a discutir largo y tendido sobre asuntos importantes. Karim me hacía pocas preguntas, lo cual no me desagradaba. Prefirió hablarme de su asunto. Me hizo saber que había sido "injustamente encarcelado" y que los policías no habían encontrado en su casa ninguna prueba salvo reivindicaciones del GSPC (Grupo Salafista para la Predicación y el Combate), ese grupo terrorista argelino adherido a Al-Qaeda y dirigido por Hassan Hattab, al igual que videos de propaganda terrorista y otros sobre la guerra en Chechenia. Yo escuchaba sin hacer demasiadas preguntas con el fin de no despertar sus sospechas con una curiosidad demasiado evidente. Karim reivindicó claramente su pertenencia al grupo de Hattab. Este último, que había formado parte del GIA hasta fines de 1997, se separó de otros islamitas y se convirtió en el jefe del grupo armado más importante en Argelia desde que las estructuras del GIA fueron minadas por la lucha antisubversiva. Karim reconoció su pertenencia al GSPC, por tanto, yo me encontraba frente a un terrorista. Tuve una sensación extraña, una especie de malestar. En ese momento, si mi interlocutor me hubiera mirado a los ojos, rápidamente habría comprendido lo que yo pensaba de gente como él. Le propuse ir a tomar un café con el fin de interrumpir esta conversación. Quería recuperarme. Mientras nos dirigíamos hacia la máquina de café, recuperé una cierta serenidad. Era absolutamente necesario que no sospechara nada. Desde ese día, me convertí en un animal frío, sin emociones visibles. Desempeñaría mi papel hasta el final, fueran cuales fueran los sufrimientos morales. Debería regocijarme cuando nos llegara de Argelia una información sobre el balance de los muertos. Me sería preciso, como a él, venerar a Bin Laden, llamarlo desde ese momento el *"cheikh"*, aplaudir los atentados del 11 de septiembre y desear que ocurrieran atentados en Francia. Me sería preciso patear mis principios, escupir sobre mis valores y alabar lo que siempre he combatido.

Karim me sacó de mi meditación confirmándome que Djamel Zitouni había enviado a Francia a Bensaïd y Aït Ali Belkacem en 1995. "Son personas sinceras", me dijo, agregando "ellos no están jugando, estuvieron en la guerrilla argelina e hicieron el *bayaat al maout* (el juramento de la muerte) a su jefe Zitouni." Yo estaba estupefacto, mi nuevo "hermano" me comunicaba información de primera importancia.

Entonces, opté por dejarlo en su impulso haciéndole preguntas sobre las divergencias que minan los grupos terroristas en Argelia. "Hassam Hattab, me dijo, está contra la acción del GIA que decidió anatematizar a todo el pueblo argelino." Me precisó que el GSPC retuvo dos opciones: la internacionalización del terrorismo, inscribiéndose en las acciones de Osama Bin Laden y la perpetuación de los atentados en Argelia con el fin de llevar una guerra de desgaste contra el poder local. Hice saber a mi interlocutor que desde hacía varios años yo apoyaba una acción así y que efectivamente era necesario apoyar la acción de Osama Bin Laden. Seducido por mis palabras, Karim decidió decir más.

—Djamel, no hay que olvidar a nuestros principales enemigos. Voy a hablar de los responsables argelinos, —me lanzó como para sondearme sobre este punto.

—No los olvido, pero, a mi nivel, sólo puedo combatirlos con los medios, —le dije.

—Puedes ayudarnos de otro modo, si quieres.

—¿Cómo?

—Si tienes información sobre personalidades argelinas, sobre todo militares o incluso sobre gente como Dalil Boubakeur (rector de la mezquita de París) o Soheïb Bencheikh (el muftí de Marsella), no dudes en comunicármela.

—¿Para hacer qué?, —repliqué tomando siempre mi aire de ingenuidad.

Ostentando un rictus que decía mucho, Karim me dio entonces esa respuesta que me dio un escalofrío en la espalda: "Los vamos a ejecutar, ¿qué creías?"

Le aseguré a mi "hermano" Karim que podía contar con mi colaboración activa, recordándole que debíamos seguir el juicio de nuestros hermanos encarcelados. Mientras caminábamos hacia la sala de audiencia, decidí invertir los papeles. "Puedo confiar en ti Karim. Sabes, tengo hijos...", le lancé para tantear su reacción. Mi interlocutor se detuvo en seco, me miró a los ojos y me lanzó: "Escúchame, Djamel, somos soldados de Dios, incluso si nos cortan en pedazos, no denunciamos a nuestros hermanos."

Caminamos discutiendo la situación política en Argelia. Cuando llegamos a la sala de audiencias, nos separamos. Él volvió a tomar su sitio en el fondo de la sala saludando a los acusados y yo en el público. Todo bajo las miradas interrogantes de los policías y de algunas personas que no entendían qué podían decirse un islamita que conocía terroristas y ese periodista. Sin embargo, no quería que demasiadas personas nos vieran juntos por miedo que alguien le revelara, conscientemente o no, mi verdadera identidad y mis verdaderas convicciones.

Tomamos la costumbre de discutir antes de cada audiencia o durante cada suspensión de sesión. Siempre evocábamos los mismos temas: los dos acusados, Bin Laden, Argelia, la religión, la *jihad*, etcétera.

En una de nuestras discusiones, Karim me hizo saber que él desempeñaba en París un papel muy preciso. Reunía dinero y lo repartía al conjunto de islamitas detenidos en las prisiones francesas. Cada semana, enviaba giros a los prisioneros. Esos giros, los vi con mis propios ojos, por lo menos los que envió a Boualem Bensaïd, Smaïn Aït Ali Belkacem y Adel Mechat, otro argelino encarcelado por un asunto de terrorismo. Constaté que Karim tenía una correspondencia importante con los prisioneros. Me explicó que las "informaciones sensibles" se transmitían a los detenidos islamitas a través de ciertos detenidos de derecho común, ya que estos últimos estaban menos vigilados. En realidad, Karim me hizo esta confidencia para pedirme que participara en las colectas de dinero para los prisioneros.

Las cosas iban cada vez mejor entre Karim y yo. No sospechaba nada y yo seguía actuando mi papel. Las audiencias se sucedían a diario y cada día que pasaba traía consigo pruebas suplementarias contra los dos acusados que, sin embargo, seguían negándolo todo. Bensaïd, siempre arrogante, y Aït Ali Belkacem, siempre huidizo y sometido al carisma de su compañero detenido, Boualem Bensaïd, quien, a todas luces, era el jefe. Al final de cada audiencia, me tomaba media hora para comentar los debates con Karim. Este último a menudo estaba fuera de sí, usaba el mismo léxico "los enemigos de Dios" para hablar de los magistrados, los policías o abogados de la parte civil, "los hermanos" o "los *moudjahidin*" para hablar de los acusados, "los hipócritas" para hablar de los medios, etcétera.

Al final de esas jornadas, Karim había entrado en confianza conmigo. Con el fin de perpetuar este clima, evocaba a veces con él recuerdos de juventud, el liceo, los profesores, el director del instituto o incluso el futbol. Karim hablaba poco de esas cosas. Su vida estaba centrada en torno al activismo religioso. "Soy musulmán, por tanto, estoy sometido a Dios", se complacía en decir con frecuencia. En consecuencia, siempre regresaba a los mismos temas que me interesaban vivamente. Le gustaba hablar sobre todo de la *jihad*, "la guerra santa". Me hizo saber que su sueño era morir "como mártir por la causa de Alá". Los ojos se le llenaban de lágrimas cuando evocaba 'las altas acciones de armas de los hermanos" en Argelia, en Afganistán o en Chechenia. A través de él, yo percibía el desastre del fanatismo religioso. Todos los días, pronunciaba palabras que me conmocionaban y a las cuales estaba obligado a adherirme. De hecho, eso me resultaba tan difícil que tenía que aprobarlo sonriendo o asintiendo con la cabeza.

Un día, cuando un hombre que había perdido a su hija en el atentado de Saint-Michel me saludaba mientras estaba con Karim, este último me preguntó quién era esa persona que me acababa de saludar. Entonces, le contesté que era el padre de una de las víctimas del atentado de Saint-Michel. "Ese hombre perdió a su hija", le dije, buscando en sus ojos un destello de emoción.

"Su hija nos importa un comino. Además, ni siquiera merece una oración puesto que era una infiel", me lanzó, con una frialdad monstruosa. Me contuve de estrangularlo, de arrojarle el puño a la cara. Me calmé, pero confieso que todavía sigo sin digerir su respuesta. ¿Cómo puede un ser humano volverse tan insensible? ¿Pero son seres humanos quienes reaccionan así? Ninguna religión, ninguna creencia, ningún fanatismo justifica esa actitud. Me siento aún más indignado cuando esas personas desprovistas de todo humanismo hablan en nombre del Islam, mi religión.

El 30 de octubre de 2002, la corte especial, cerca del tribunal correccional, debía dar su veredicto tras aproximadamente cinco semanas de debates. Los alegatos de la defensa intentaban salvar lo que fuera. Los magistrados profesionales debían decidir a partir de su íntima convicción. Ese día, además de Karim, Mehdi estaba de vuelta al igual que Nourm, una mujer joven envuelta en un velo que Karim me presentó. Esta "hermana", según creía Karim, era la pareja de Boualem Bensaïd antes de su arresto en noviembre de 1995. Para ganar más la confianza de los islamitas, fingí compartir sus inquietudes y mostré compasión hacia los dos acusados. Les prometí llevar a cabo una investigación periodística para demostrar la inocencia de sus correligionarios. En realidad, preparaba el terreno para una operación completamente distinta. De hecho, en el curso de investigaciones precedentes realizadas para mostrar la peligrosidad de los islamitas, ciertas corrientes a menudo estimaron que lo que yo revelaba sobre los integristas musulmanes era "exagerado", incluso estaba "fuera de dimensión".

A veces lamenté no haber podido grabar en audio y video algunos discursos y otras situaciones. Entonces, me había jurado que para esta infiltración me sería preciso algo para la televisión, ya que nada hay más fuerte que una imagen para convencer a quienes no quieren admitir la evidencia. ¿No se dice que una imagen vale más que mil palabras?

El veredicto se esperaba para las horas de la tarde. Aproveché ese lapso para discutir largo y tendido con los islamitas. Además, aunque había revelado a Karim que era practicante, todavía no había tenido oportunidad de hacer la oración con él. Ese día, se me presentó la ocasión. Efectivamente, yo había notado en el transcurso de los días anteriores que Karim se aislaba en una esquina del Palacio de Justicia para hacer la oración. Fue entonces cuando, con toda naturalidad, propuse a mis "hermanos" ir a cumplir con ese pilar del Islam. Ese gesto jugaría en mi favor porque pudieron constatar que mi comportamiento era compatible con el discurso que sostenía. Hay que saber que los islamitas son muy puntillosos en cuanto a las horas de las oraciones. Respetan los horarios siguiendo un ritual que les es propio, ya que, como es sabido, pueden rezar en cualquier lugar, con zapatos, de preferencia en grupo, etc. Hice exactamente como ellos, copiando todos sus gestos, parafraseando sus discursos y recitando al pie de la letra todas sus invocaciones. Mis "hermanos" estaban tranquilizados. Me lo mostraron claramente con esta oración en la que Karim desempeñaba el papel del imán. Desde entonces, hablamos mucho de religión, de dogma, evocando a los teólogos salafistas que inspiran hoy la mayoría de los movimientos islamitas. Ibn Thaymia, por supuesto, ese imán rigorista del siglo XII, cuya obra es hoy en día una referencia; Mohamed Ibn Abdelwaheb, ese otro teólogo del siglo XIX que está detrás de la ideología wahabita propagada desde la Península arábiga, pero también otros como Sayed Qutb, el de Egipto, o su predecesor Asan Al-Benna, fundador de los "hermanos musulmanes" a comienzos del siglo XX en Egipto. Del mismo modo, se evocaban los textos de otros sabios wahabitas como los jeques Ibn Al-Baz y Otheïmine, considerados como los ideólogos contemporáneos del islamismo. Mis conocimientos en materia religiosa los impresionaron. Nunca habían encontrado, me confesaron más adelante en otros términos, a un periodista cerca de las ideas islamitas. Sin embargo, me hicieron notar que debía seguir algunos cursos con Karim para perfeccionar mis conocimientos religiosos.

Hacia las 22 horas, los jueces anunciaron su veredicto: cadena perpetua para los dos acusados con una condena de seguridad de 22 años para Boualem Bensaïd. Karim y Mehdi estaban fuera de sí. Mehdi salió furioso de la sala de audiencias profiriendo hacia las cámaras: "Juro por Alá que no cumplirán ni la mitad de esta condena. Van a ver lo que es la cólera de Alá." Esta elevación epidérmica de Mehdi fue retomada, esa misma tarde y al día siguiente, por la mayoría de las cadenas de televisión. Cuando estábamos afuera del Palacio de Justicia, el abogado de Smaïn Aït Belkacem se acercó a Karim para hacerle saber que contaba con la apelación. "Vea Canal Plus, el próximo lunes, allí habrá nuevos elementos", nos lanzó el abogado. La frase del hombre con traje negro no quería decir nada para Karim; entonces, se dio vuelta hacia mí, buscando una explicación. Se la di. Un equipo de la cadena codificada había realizado una investigación para justificar a los asesinos islamitas y para achacar los atentados de 1995 a los servicios argelinos, no sin dejar ver que los servicios secretos franceses estaban indirectamente implicados. Miré a Karim explicándole que una encuesta televisiva iba a "probar la inocencia de nuestros hermanos".

Luego de esa larga jornada, decidí dejar a mis nuevos "amigos" no sin dar cita a Karim, a quien le hice entender que era necesario mantenernos en contacto. Yo no quería quedarme más con ellos. Era necesario que fuera muy prudente y que no despertara sospechas.

Jueves 31 de octubre de 2002. El día siguiente al veredicto, llamé a Karim a su celular para concertar una cita. Se fijó para el día siguiente, para la plegaria del viernes. Eso me arreglaba las cosas. En realidad, quería conocer a sus amigos, las mezquitas que frecuentaba, sus actividades, en resumen, saber todo sobre él. Nuestros intercambios durante el juicio no eran más que un acercamiento que, yo esperaba, iban a permitirme saber más.

Nos pusimos de acuerdo con Benoît Duquesne y Bruno Ledref, respectivamente jefe de redacción y jefe de redacción adjunto de la emisión *Complément d'enquête* (*Complemento de investigación*) de France 2, para una colaboración con el fin de realizar una emisión especial sobre el islamismo en Francia. Yo debía tratar de persuadir a Karim de dejarse grabar y entrevistar por cuenta de la cadena pública.

¿Cómo convencer a un islamita, ya condenado por un asunto ligado al terrorismo, de dejarse grabar por una cadena de televisión francesa? Yo había preparado mi "discurso" y mi argumentación para atraerlo hacia la trampa que preparaba para los integristas. Presentándome como un islamita convencido, le hice saber que había propuesto a la cadena de televisión un tema sobre los "musulmanes oprimidos en todo el mundo por sus creencias". Naturalmente, utilicé su discurso, su semántica con el fin de convencerlo. Le afirmé que eso podía ser posible y que hacía falta que me ayudara en esta empresa que daría una "buena imagen de los musulmanes". Luego de haber dudado, Karim terminó por aceptar mi propuesta. Naturalmente le di todas las garantías de que su mensaje y, eventualmente, el de los "hermanos" pasaría íntegro. "Tienes razón Djamel, eso también es *jihad*", me dijo.

Nuestra cita del viernes me permitió constatar que no había cambiado de opinión. Yo pretendía fijar el día de la primera entrevista frente a la cámara. Jugaba con una cuerda sensible, lo sabía, pero no tenía absolutamente nada que perder. En el peor de los casos, habría rehusado y mis proyectos se hubieran caído al agua.

Pasar a la etapa superior

En ese viernes 1 de noviembre de 2002, Karim me hizo saber que pretendía realizar la plegaria en la mezquita de Gallieni, situada bajo el centro Sonacotra. Llegué con algunos minutos de retraso. Karim me esperaba pacientemente con el Corán en la mano. Salmodiando en voz baja algunos versículos del libro santo, ni siquiera me vio salir del metro. Cuando llegué a donde él estaba, no quise interrumpir su lectura. Me paré a un lado sin decir una palabra. Karim advirtió mi presencia, interrumpió su lectura y se volvió hacia mí contento de verme. Sin perder un solo instante, nos dirigimos hacia el lugar de oración. Sólo teníamos que recorrer algunas decenas de metros. En el lugar, tuve una sensación extraña. Cada vez que alguien me miraba, pensaba que me había reconocido. Mi temor principal era encontrarme en medio de islamitas que conocieran mis posturas políticas y que me lincharan. En consecuencia, cada vez, me era preciso tomar el máximo de precauciones y contemplar todos los escenarios posibles con el fin de prepararme psicológicamente para lo peor y, sobre todo, encontrar una salida de emergencia. En el interior de la sala de oración los fieles escuchaban atentamente un sermón y nadie se preocupaba por mi presencia. Necesitaba superar mi paranoia. Puse de lado mis ideas negras e hice un esfuerzo por parecer lo más natural posible, pero, para parecer natural, debía ser natural. Entonces decidí comportarme como un simple fiel que había ido a cumplir con su oración sin preocuparme por el resto. No debía precipitar los hechos, sino dejarlos venir hacia mí. A partir de ese momento, ésa sería mi línea de conducta.

El discurso que dio ese día el imán no tenía nada de molesto. Como se acercaba el Ramadán, había dirigido su prédica hacia el comportamiento del musulmán durante este mes sagrado. No obstante, me sentía incómodo por el calor agobiante que reinaba en el interior de la sala de oración. La calefacción funcionaba en pleno en un subsuelo repleto. Veía lo que eran las cuevas del Islam. Un lugar de culto está pensado para ser un espacio en donde uno se siente cómodo desde todo punto de vista. Además, debe responder a las normas de seguridad y de higiene. Psicológicamente, el hecho de descender a un subsuelo para orar me parece insensato. ¡Que los musulmanes acepten este hecho y que los poderes públicos no hagan nada frente a esta realidad humillante para la segunda religión de Francia me parece igualmente insensato! Además, "el Islam de las cuevas" no sabría, desde ningún punto de vista, representar al verdadero Islam.

Hacia las 14 horas, después del final de la oración del viernes, Karim me hizo un signo con la mano pidiéndome que me reuniera con él. Lo seguí como un niño pequeño a quien llevan a la mezquita por vez primera. Se dirigió hacia un grupo de barbados. Constaté que mi nuevo "hermano" conocía a mucha gente. Karim nos presentó. "Les presento a nuestro hermano Djamel", dijo a los hombres a lado de los cuales nos colocamos. Uno de ellos se llamaba Sofiane y otro Mourad. No logré retener el nombre del tercero. Además, no lo volví a ver. El primero, Sofiane, me miraba con un aire extremadamente desconfiado y apenas me estrechó la mano, el otro fue más cortés. Después de algunos minutos de conversación, nos dirigimos todos hacia la salida. Karim saludó a varias personas a su paso. Casi todos estaban ataviados como islamitas. Afuera, Karim se disculpó y fue a reunirse con un grupo de cuatro hombres con apariencia particularmente inquietante. Me dejó con Sofiane, Mourad y el tercero. Discutían entre ellos, haciendo como si yo no estuviera. Los tres eran argelinos y originarios de la capital como yo. Viendo que no me prestaban ninguna atención, decidí acercarme. Estaba ahí, como un imbécil, compartiendo con ellos una conversación sin interés sobre la situación en Argelia. Me reía cuando ellos se reían y trataba de meterme en la discusión, pero mis nuevos "hermanos" estaban verdaderamente decididos a ignorarme. Cuando decía algunas palabras, me miraban sin hacer comentarios, contentándose con mover la cabeza. La ausencia de Karim me parecía interminable. La atmósfera era pesada. Entonces, decidí ser mucho más ofensivo. "De qué barrio de Argelia son ustedes", pregunté ingenuamente. "Belcourt", respondió Sofiane; "La Casbah", ponderó Mourad. "Yo, nací en Kouba", lancé con orgullo. Lo que decía con eso no dejaba de tener interés. El nacimiento del Frente Islámico de Salvación (FIS), el partido islamita argelino, fue anunciado oficialmente en 1989, en la mezquita Ibn Badis en Kouba. Ese barrio también es el de Ali Benhadj*, el número dos de ese partido disuelto hoy en día y bastión de los salafistas argelinos. Mi salida, sumamente anodina, había relajado bastante la atmósfera. En-

---

* Ali Benhadj está encarcelado en la prisión militar de Blida desde junio de 1991. Ha sido condenado a doce años de prisión por haber llamado a la *jihad* en Argelia.

tonces me puse a rememorar "la época dorada" de la esfera de influencia islamita argelina, lo que no disgustó a mis "hermanos" que también hablaban de ella con nostalgia. Evocamos juntos al "poder prohibido", el "nacimiento ineluctable del Estado islámico" y todo lo que quieren los integristas musulmanes. El regreso de Karim entre nosotros iba a interrumpir esta conversación. Sofiane me seguía pareciendo desconfiado. Claro, participaba en la conversación, pero no me daba la sensación de apreciar mi presencia. Me miraba como a un intruso que no tenía absolutamente nada que hacer ahí. Además, no tardó en hacerle el comentario a Karim. Le habló en privado a algunos metros de mí. Claramente lo escuché exclamar: "¿Por qué nos traes extraños? ¿Quién es este tipo?" Karim le respondió entonces secamente que si él venía con alguien era porque podía responder por esa persona. El intercambio entre los dos hombres se terminó así. Durante ese tiempo, jugaba con mi teléfono celular, indiferente a sus palabras. Me hacía falta actuar ingenuamente. A las claras, yo debía desempeñar el papel del imbécil que estaba listo para dejarse manipular y adoctrinar.

Karim preguntó a Mourad si podía dejarnos en Ménilmontant. Este último aceptó. Era chofer de taxi. Luego de instalarnos en el vehículo, Sofiane se puso a comentar la reacción de Mehdi a la salida del juicio de Boualem Bensaïd y Smaïn Aït Belkacem. Deduje que ese grupo lo conocía. Sofiane estaba descontento con la actitud de Mehdi. Karim le recordó la extrema juventud de Mehdi.

—Ya sabes cómo es. No puede controlarse...

Sofiane le recordó entonces una regla fundamental para todos los islamitas: "Estamos en guerra y la guerra es un ardid. Nunca se debe mostrar al enemigo lo que se siente o lo que se planea hacer." Y agregó: "Si vamos a hacer que se escapen de prisión, no es con chiquillos como él como podremos lograrlo." Yo escuchaba sin chistar.

Karim y yo bajamos del taxi en Ménilmontant. Me despedí largamente de los demás diciéndoles: "*Inchallah* (si Dios quiere), tendremos la oportunidad de volver a vernos mis hermanos".

Había decidido invitar a Karim a almorzar. Este último me sugirió un restaurante en ese barrio que sólo servía carne *halal* y que no vendía alcohol. Mi acompañante conocía a todo el mundo en el restaurante. Me presentó a Nassreddine, el patrón del lugar, un barbado que nos recibió con una gran sonrisa. Nos indicó un sitio y tomó nuestra orden. Desde entonces traté de evocar con Karim el reportaje en televisión que planeaba hacer para "defender la imagen de los musulmanes". Mi interlocutor me repetía, cada vez, que era preciso que defendiera por los medios la causa de la *jihad*. Cuando estábamos en plena conversación, de pronto vi en la entrada a dos argelinos que vivían en mi barrio en Argel. Temí que se me abalanzaran y me llamaran por mi nombre verdadero. Entonces, me encogí hundiendo la cabeza y escondiendo mi rostro con la mano derecha. Karim me veía con aire de sorpresa. "¿Qué te pasa?", me preguntó. Le respondí tomándome la cabeza entre las dos manos:

—Súbitamente me dio un terrible dolor de cabeza.

Al mismo tiempo lancé una mirada en dirección de la puerta de entrada del restaurante. ¡Qué alivio! Mis dos amigos habían dado media vuelta. Para no suscitar dudas con Karim, seguí con mi juego hasta el final preguntándole al patrón del restaurante si no tendría una aspirina.

Karim estaba completamente dispuesto a participar en mi proyecto. Antes de darme su aprobación definitiva, me preguntó, no obstante, si estaba seguro de que la cadena de televisión no orientaría mi trabajo contra "la causa". Se lo prometí. Convenimos en que la entrevista tendría lugar el martes siguiente, el 5 de noviembre, en un hotel de Belleville, en París. Le di a Karim la seguridad de que el equipo de televisión que me iba a acompañar estaría compuesto por personas seguras y dignas de confianza. Karim había aceptado con la condición de que su cara estuviera cubierta. A lo largo de toda la comida, discutimos sobre el reportaje.

Karim parecía tranquilo y su confianza en mí crecía, lo que no me desagradaba. Al final del almuerzo, nos dirigimos hacia el subsuelo del restaurante para realizar la oración del *Asr* (la oración de media tarde). Fue Karim quien la dirigió en una pequeña sala especialmente concebida para ello. Nos separamos hacia las 15:30 horas dándonos cita para el lunes siguiente.

En el metro, yo veía a mi alrededor para ver si nadie me seguía. A partir de ese momento, debía tomar esa precaución, ya que había dicho a Karim que vivía en Montreuil, en la entrada de París. Naturalmente, no había sido lo bastante loco como para comunicarle el nombre del vecindario en donde vivía realmente. Mi nueva identidad a partir de entonces estaba acompañada por una nueva vida que me había creado con todas sus piezas. Mi nombre era falso, mi dirección era falsa, vivía en la falsedad y a partir de ese momento me sería preciso hacer malabares con mi doble identidad. Instalado en el metro, volví a ponerme mi alianza escondida en uno de los bolsillos de mi portafolios y me quité el reloj de la muñeca derecha y volví a ponerlo en la muñeca izquierda. De hecho, en cada encuentro con mis "hermanos" debería poner atención a este tipo de detalles. Estos últimos no se permiten llevar oro, ya que está prohibido para los hombres en la religión musulmana. Ahora bien, como mi alianza es de oro, no podía entonces exhibirla ante ellos. Además, otro detalle, ellos llevan, en su mayoría, el reloj en la muñeca derecha, pues es el lado de la pureza y el izquierdo, el de la impureza. Como el tiempo es "sagrado" para ellos, prefieren ponerse el reloj en la muñeca derecha. Confieso haber olvidado a veces este detalle, pero sin llamar la atención de mis "hermanos". Cuando llegué a mi casa, me precipité a mi computadora para tomar las notas de la jornada y verificar las informaciones que Karim me comunicaba involuntariamente.

Lunes 4 de noviembre de 2002. Esta tarde, tengo cita con Karim. Me acompañará mi colega de France 2 con quien realizaré el reportaje. Debo hacer las presentaciones. Karim deseaba encontrarla antes de la entrevista, prevista para el día siguiente. A la hora señalada, él nos esperaba, sonriente como era su costumbre, a la salida del metro Couronnes. Apenas me hubo estrechado la mano, me recordó que no tocaba a las mujeres. Mi "hermano" me hizo saber entonces que, queriendo causar una buena impresión, deseaba comprar pasteles orientales a mi acompañante. Se dirigió entonces hacia un vendedor cercano y pidió un kilo de *mekroud*, esos pasteles melosos que se comen mucho en los países magrebinos. Su actitud era falsa e hipócrita. Aunque mostraba una gran hospitalidad hacia mi colega, me susurraba que "era necesario mostrar siempre una buena cara ante los infieles". Más tarde me preguntó si no era posible intentar convertirla al Islam. Además, me propuso ponerla en contacto con las "hermanas convertidas" para que la influyeran en ese sentido. Karim nos invitó a sentarnos a un café cercano y, tomando un té verde, entablamos la conversación.

Karim nos habló de la religión musulmana durante más de una hora. También evocó la *jihad* tratando de justificar lo injustificable. Sin embargo, se mantenía prudente. Medía sus palabras con el fin de no sorprender a la periodista que me acompañaba. En el transcurso

49

de esta discusión, Karim nos volvió a hablar de Djamel Hervé Loiseau y de Brahim Yadel, dos franceses, uno encontrado muerto de frío en las montañas de Tora-Bora en Afganistán, el otro, detenido en la base estadounidense de Guantánamo. Ambos habían partido para hacer la *jihad* en esas comarcas lejanas y se habían entrenado en los campos de Osama Bin Laden. Su formación ideológica y otros términos de su adoctrinamiento, había estado asegurada por Karim y otros hermanos, que seguían impartiendo "cursos de religión" en las mezquitas Omar y Abu-Bakr, las dos situadas en el barrio de Belleville. Karim evocó igualmente su "adhesión" a las causas palestina, afgana y chechena. Expresó su odio hacia los estadounidenses y los judíos. Su discurso naturalmente era el de un islamita, pero moderaba bastante algunos aspectos para no sorprender, como me diría más tarde, a mi colega que él veía por primera vez. A lo largo de todo el reportaje que realizaríamos con él, tendría un doble discurso sin falla. El primero me estaba destinado, restituía lo que realmente tenía en el corazón y dejaba aparecer un rostro lleno de odio, beligerante, fascista, donde la negación del otro es un valor constante; el segundo, destinado "a los infieles", estaba satinado de tolerancia, comprensión y respeto. Karim no derogaba la regla que siguen los islamitas del mundo entero: se digan "moderados" o "radicales". Todos practican la manipulación y el discurso en dos velocidades. Es lo que denominan *takiya*. Finalmente, tuve la posibilidad de constatar esta verdad directamente.

A la salida de esta larga conversación, Karim nos confirmó su aprobación para el reportaje. Entonces, nos dimos cita para el día siguiente, como estaba previsto, en un hotel cercano. De hecho, habíamos decidido alquilar, para esa jornada, un cuarto con el fin de que la entrevista tuviera lugar con total discreción. Nos separamos alrededor de las 21 horas.

Martes 5 de noviembre de 2002. A las 10 horas, me presenté cerca del metro Couronnes, frente a la mezquita Abu Bakr, como estaba previsto. La gente de France 2 había alquilado el cuarto de hotel y se dedicaba a instalar el equipo. En ese día de mercado y víspera del primer día del Ramadán, había muchísima gente en el vecindario. Frente a mí, dos personas, un viejo y un joven, blandían una pancarta pidiendo a los transeúntes que dieran dinero para contribuir a la construcción de una mezquita en la periferia. A su lado, otro barbado, aún más joven, vendía calendarios musulmanes, difundidos por los habachitas, una especie de secta islamita cuya misión principal consiste en oponerse al wahabismo anteponiendo otra lectura errónea de la religión musulmana. Miraba este manejo preguntándome lo que impulsaba a los musulmanes a tantas divergencias. Hoy, el Islam incluye una multitud de corrientes. Y cada una pretende estar en posesión de la verdad suprema, hecho facilitado por la dimisión intelectual de la casi totalidad de los teólogos, quienes cuando no proclaman una forma u otra de extremismo, se callan, casi siempre por cobardía. Algunos policías vinieron a interrumpir mi meditación. Revisaban los papeles de los dos hombres que mendigaban dinero. "Pertenecemos a una asociación", clamaron exhibiendo un montón de documentos. En pocos minutos se hizo la verificación y los barbados pudieron retomar su búsqueda. ¿Para qué servirá ese dinero? ¿Para la construcción de una mezquita? Probablemente no lo sabremos nunca.

Karim finalmente llegó. Tenía algunos minutos de retraso, pero eso no me molestó porque no tuve tiempo de aburrirme. Con los ojos enrojecidos, era obvio que a mi "hermano" le había faltado sueño. Después de las zalemas de costumbre, le pedí que me siguiera hacia el hotel en donde debíamos realizar la entrevista. Yo quería comprar antes algunas botellas de agua mineral. Fue entonces cuando, con toda naturalidad, me dirigí hacia la primera tienda de abarrotes.

—¡No, no! Djamel, aquí no, —me gritó Karim.

—¿Por qué?

—¿No ves que es un judío?

Había olvidado ese detalle. Los islamitas nunca hacen sus compras con comerciantes judíos. Sin embargo, dicho sea de paso, saben muy bien que el mismísimo profeta comerciaba con los judíos en Medina.

Para justificarme frente a Karim, le lancé:

—¡Ah sí, no me había dado cuenta, hermano!

El equipo de France 2 lo había preparado todo. La grabación podía comenzar. La entrevista duró más de tres horas. Desde su inicio, Karim fue interrogado sobre los motivos de su arresto el 26 de mayo de 1998, antes del mundial de futbol. "¡Se trata de un error judicial fatal!", nos dijo, agregando que él no hacía nada malo, sólo tenía en su poder fotocopias de literatura islamita y daba cursos en las mezquitas. Los cursos en cuestión, eran, en realidad, sesiones de adoctrinamiento en las cuales participaban jóvenes como Loiseau o Yadel. En cuanto a las fotocopias, se trataba de comunicados del GSPC argelino, el grupo salafista para la predicación y el combate, dirigido por el emir Hassan Hattab*. Karim estaba encargado de difundirlos en Francia y en Europa. Estos textos incluían reivindicaciones de asesinatos, pero también orientaciones destinadas a las células del GSPC que actúan en el conti-

---

* Hassan Hattab, jefe del GSPC. Disidente del GIA, se opuso sobre todo a las matanzas de las poblaciones civiles, como lo habían decidido los emires de esos grupos que están en el origen de decenas de carnicerías en Argelia.

nente europeo. Fue en 1998 cuando el GSPC hizo el juramento de fidelidad a Al-Qaeda de Osama Bin Laden. Este último había enviado un emisario de nacionalidad yemenita a Hassan Hattab con el fin de coordinar las acciones de las dos organizaciones terroristas.

Ante las cámaras de France 2, Karim minimizaba su papel y se daba aires de víctima que había "sufrido una enorme injusticia". Sin embargo, no ocultaba su adhesión a los proyectos de Bin Laden y se valía de todas las argucias para justificar su acción y, sobre todo, los atentados del 11 de septiembre de 2001, que le parecían "legítimos". Según él, sólo Bin Laden y los talibanes siguen el Islam auténtico, por tanto, todos los demás musulmanes deben ser combatidos, incluido el régimen saudí. En cuanto a la amenaza que pesa sobre Francia, Karim se mostraba más matizado y dejaba entender que no había absolutamente ningún riesgo de ver a este país víctima de un acto terrorista, afirmaciones por completo contradictorias con las palabras que me decía a solas. Karim hizo algunas revelaciones sorprendentes ante la cámara: "Cuando Argelia o Túnez se conviertan en Estados islámicos, no nos quedaremos con los brazos cruzados. Propondremos el Islam a Jacques Chirac o a Tony Blair y, si no aceptan el Islam, entonces haremos conquistas", revelando así las intenciones reales de los islamitas. "Es necesario que toda la tierra esté gobernada por la palabra de Alá", nos precisó. Palabras similares a las sostenidas por Djamel Zitouni, el emir del GIA en 1995, quien, recordémoslo, había invitado al presidente francés a convertirse al Islam sólo algunos meses antes del comienzo de la ola de atentados que sacudiría al Hexágono.

Después de esa larga entrevista, decidimos ir a almorzar al restaurante de Nassreddine, ese restaurantero apegado a las tesis islamitas. Seguimos con nuestra discusión a propósito del Islam. Íbamos a empezar a comer cuando vi a Mourad, el chofer de taxi que encontramos en la oración del viernes, que irrumpió en el restaurante. Me levanté inmediatamente para saludarlo. Instalado en nuestra mesa, Mourad me hizo saber que Karim le había dicho que habíamos ido al mismo liceo en Argelia. "Yo también estaba en el liceo Émir-Abdelkader", me dijo, pero no se acordaba de mí, contrariamente a Karim. Como para sondearme, me pidió que le recordara el nombre del director del instituto, así como los nombres de algunos profesores, lo cual hice de inmediato. Mourad pareció tranquilizado por mis respuestas, justamente había olvidado el nombre del supervisor general, pero le hice una descripción tan precisa que Mourad terminó por darme su nombre. A continuación, me interrogó sobre los antiguos miembros del FIS. Como yo me había presentado como un antiguo militante del partido islamita, también en ese caso, debía dar las respuestas correctas. Entonces, decidí citar a todas las personas cuyos nombres conocía y que estaban muertas, la mayoría, después de haberse unido a la guerrilla. Acababa de pasar con éxito esta enésima prueba. Expliqué que me había alejado del movimiento islamita al día siguiente del paro del proceso electoral en Argelia, en 1992, porque ya no tenía confianza en muchos de los antiguos miembros del partido. Les afirmé que mis problemas con el poder argelino se debían a mis convicciones religiosas y políticas. De hecho, había tomado prestada la historia de un militante islamita que no tuvo una carrera muy importante, pero que estaba convencido del principio de la *jihad* y, al mismo tiempo, se mantenía muy prudente para que no lo arrestaran. Karim escuchaba con atención. Él y Mourad daban la impresión de haber creído mi historia. Había contado justo lo que se necesitaba para ganarme su confianza. Al paso de los días, me daría cuenta de que mis nuevos "hermanos" me tenían cada vez más confianza.

Al final de la comida, bajamos al sótano del restaurante para hacer la oración. Allí, Karim me pidió mi opinión sobre la entrevista. "Estuviste muy bien, hermano", le dije. Contento y tranquilizado por mi respuesta, me sugirió seleccionar minuciosamente las palabras que serían difundidas. Le recordé mi compromiso personal por "la causa", lo cual le gustó. "Sabes, Djamel, lo que haces ahí, a través de tu trabajo, también es *jihad*", proclamó. Le mostré que estaba muy feliz de escuchar eso.

—¿Es cierto?

—¡Claro que es cierto! —afirmó recitándome un verso del Corán.

Para Karim, yo era digno de los que cometían los atentados.

—Escúchame, Djamel, el enemigo nos ataca con sus armas, sus periodistas, sus intelectuales y sus cadenas de televisión. Entonces, es preciso que hagamos lo mismo.

Tras esta breve discusión, fuimos a reunirnos con el equipo sin haber realizado la oración. No permanecimos mucho tiempo juntos. Hacia las 16:00, nos despedimos dándonos cita para el día siguiente. De hecho, Karim me había propuesto tomar cursos de religión.

Me pidió que comprara un cuaderno para que él me enseñara el dogma y los principios de la *jihad*. Le prometí que consagraría todo el mes del Ramadán a seguir sus cursos.

Miércoles 6 de noviembre de 2002. Primer día del Ramadán. Yo tenía mucho trabajo y debía encontrar una excusa para escapar de Karim, quien deseaba verme para comenzar los cursos de religión en la mezquita. Le dejé un mensaje en su teléfono celular. Pasé la jornada preparando un artículo para *Marianne*, una revista semanal. Un equipo de la cadena Canal Plus había preparado un "docu-mentiroso" en el cual trataban, con argumentos falsos, de demostrar que los atentados que habían sacudido a Francia en 1995 no eran obra de los islamitas, sino de los servicios secretos argelinos, que habían actuado con la complacencia de los servicios secretos franceses. Clímax de la insensatez, paroxismo de la mentira. Desde hace varios años una corriente de pensamiento en Francia trata de justificar a los islamitas por sus crímenes. Incluso en lo que concierne a los sucesos del 11 de septiembre de 2001, se encuentran "almas encarecidas" que afirman con una "espantosa impostura" que estos atentados que cambiaron la cara del mundo han sido obra de los servicios secretos estadounidenses.

No dejé de interrogar sobre este tipo de afirmaciones a los islamitas con quienes me codeé durante varios meses. Karim, que conocía muy bien a Boualem Bensaïd y a Smaïn Aït Ali Belkacem, los dos acusados de los atentados de 1995, afirmó con certeza que los dos islamitas habían venido especialmente de las guerrillas argelinas para asesinar al imán Sahraoui y para preparar los atentados en suelo francés. Me precisó que los dos estaban cerca de Djamel Zitouni y que le habían prestado "juramento de fidelidad hasta la muerte". Le pregunté si Zitouni podía ser agente de los servicios secretos argelinos. "¡Imposible!", me respondió precisando: "Zitouni con toda seguridad se equivocó de vía en el curso de la *jihad* asesinando hermanos que eran grandes combatientes, pero nunca ha trabajado con el poder, lo que se cuenta de él es falso." Mi interlocutor precisó igualmente que quienes "en esa época habían decidido golpear Francia se habían equivocado en el plano dogmático y en el plan estratégico". Para él, incluso la elección del blanco —el metro— era "un error".

Karim, que nunca me había ocultado su pertenencia al GSPC, me hizo saber que trataba de convencer a "los hermanos" del GIA encarcelados en Francia para prestar juramento de fidelidad a Hassan Hattab. Mi interlocutor era aún más creíble sobre que no llevaba a los antiguos jefes del GIA, como Djamel Zitouni o Antar Zouabri, en su corazón; por tanto, tenía un fuerte interés en denigrarlos, aunque no lo haría. Se contentaría con repetirme que "el GIA y sus jefes se habían equivocado de vía y de estrategia", lo cual, según él, había hecho "mucho mal a la causa".

En lo concerniente al libro* que sugiere que los islamitas y Bin Laden no estaban detrás de los atentados del 11 de septiembre de 2001, Karim respondió frente a la cámara de France 2 que fue "el jeque (Osama Bin Laden) quien perpetró los atentados y que los hermanos son capaces de hacer ese tipo de operaciones e incluso de hacer más que eso". Según él, estas afirmaciones que justificaban a los islamitas son obra de "personas que quieren minimizar las capacidades y la inteligencia de los musulmanes para hacer la *jihad*". Karim me confirmó lo que siempre pensé: los islamitas reivindican sus crímenes, pero a pesar de eso, una corriente "bien-pensada" se empeña en justificarlos. Triste realidad...

Después de haber preparado mi artículo para *Marianne*, decidí llamar a Karim, quien no había tratado de ponerse en contacto conmigo después del mensaje que le había dejado en su contestadora. Mi última llamada no rendiríra frutos. Entonces, le dejé un nuevo mensaje. Esperaría en vano toda la jornada. Karim parecía inscrito a los abonados ausentes. Después de la ruptura del ayuno, finalmente mi teléfono sonó. Era Karim. Con voz fatigada, me dijo que había tenido un accidente.

---

* *L'Effroyable Imposture* (*La espantosa impostura*), Thierry Meyssan, Ed. Carnot, 2002.

Lo había atropellado un auto mientras él iba en *scooter*. Le pregunté si necesitaba algo y quedé en visitarlo al día siguiente. Aceptó. Yo me había invitado a su casa para verificar su historia. Entonces, nos dimos cita después de la ruptura del ayuno. Aproveché la ocasión para decirle que iría a su casa provisto con el videocasete de la emisión difundida en Canal Plus, justificando a los islamitas de los atentados de 1995. Su reacción frente a esa seudoinvestigación me interesaba. Además, quería conocer su ambiente para saber más.

Jueves 7 de noviembre de 2002. Después de la ruptura del ayuno, sorbía un café en un restaurante cerca de mi casa fumando un cigarro. Iba a meterme a la cueva del lobo y me concentraba para no tomar ningún riesgo. Había dejado todos mis papeles en mi casa y sólo llevaba una nueva tarjeta naranja en la cual figuraba mi nombre falso y una vieja foto de identificación. Como de costumbre, me había quitado mi alianza y me había puesto el reloj en la muñeca derecha. Ya no me había vuelto a rasurar desde hacía más de un mes y comenzaba a parecerme a mis "hermanos".

Cuando llegué a Ménilmontant, llamé a Karim a su celular para hacerle saber que estaba en su vecindario. Habíamos convenido que debía actuar así para que él me diera el código en dígitos de su edificio. Su celular estaba en el modo de contestadora, eso me enervó sobre todo porque yo no quería ser víctima de los hechos. Me era preciso controlarlo todo, preverlo todo. Esta línea de conducta debía permitirme evitar las situaciones peligrosas. Decidí calmarme y fui a comprar pasteles para Karim. Con el celular en la mano, esperaba que sonara. Karim me contactó media hora más tarde. Se disculpó y me dio el código precisándome: "Es en el tercer piso a la izquierda."

Al subir las escaleras, el corazón se me salía del pecho. Sabía que había otros "hermanos" en su casa y tenía miedo, en cada cita, de encontrarme frente a frente con alguien que me reconociera. Cuando llegué al tercer piso, traté de controlar mi respiración. Karim me abrió la puerta. Efectivamente estaba herido. Cojeaba y un enorme vendaje le cubría la pierna entre la rodilla y el tobillo. Le demostré que realmente me había preocupado por él pidiéndole que me contara cómo se había producido el accidente. Me agradeció los pasteles y me invitó a entrar. Entonces, lancé una mirada rápida por el apartamento. Al final del pasillo, reconocí de inmediato a Mourad y Sofiane. Un tercer hombre, más joven, también estaba ahí. Supe que era el cuñado de Karim. Saludé calurosamente a los tres barbados entrando en el salón. El apartamento era bonito, bien decorado. ¡Qué lujo para un antiguo detenido, sin empleo! Karim comenzó a explicarme cómo se desarrolló el accidente. Mourad interrumpió su relato y le hizo saber que él y Sofiane debían irse. Karim les lanzó entonces: "Espero que no hayan olvidado a nuestros hermanos prisioneros." Los dos sacaron un grueso sobre del bolsillo y se lo dieron. Karim se volvió hacia mí:

—Tú también, Djamel, debes ayudarnos a reunir dinero para los hermanos encarcelados.

—¡Por supuesto! —sin embargo, ¡tendría que esperar mucho para verme dar dinero a un terrorista!

Acababa de ser testigo de las actividades clandestinas de Karim, quien centralizaba en su casa una parte del dinero de "la causa". Eso le permite satisfacer las necesidades de prisioneros islamitas como Boualem Bensaïd, Smaïn Aït Ali Belkacem, Kamel Daoudi, Adel Mechat, etc., todos ellos condenados por asuntos de terrorismo. En ese instante no sabía cómo se hacía la repartición del dinero reunido. Lo sabría más adelante, en el transcurso de mi investigación.

Karim me precisó que debía contactar a todas las personas que conocía para pedirles dinero. Incluso me dictó la manera de proceder: "Si son hermanos, díles que es para los prisioneros y, si son infieles, díles que está destinado a los pobres."

El cuñado de Karim decidió escabullirse con Mourad y Sofiane. Los tres se despidieron diciendo *Essalamou alaykoum* (que la paz esté con ustedes). Percibí en la penumbra dos sombras de mujeres vestidas con chador. Karim me dijo que su esposa estaba con una convertida cuyo marido argelino estaba preso por un asunto de terrorismo. Le pedí a Karim que me presentara para "recoger su testimonio". Se rehusó pretextando que el marido de la convertida le había prohibido a ella "hablar ante los medios". No sabría mucho más.

Otra vez solo con Karim, le propuse que viéramos la emisión de Canal Plus. Se precipitó entonces hacia el magnetoscopio e introdujo el video. Apenas había comenzado el "docu-mentiroso", Karim comenzó a hacer muecas:

—¡Son unos mentirosos! —exclamó antes de detener la cinta. Karim ya no quería saber nada. Estaba harto. Lo había enervado un seudotestimonio en el cual se pretendía que Djamel Zitouni era homosexual.

Decidí cambiar de tema y orientar la conversación hacia Bin Laden, la "guerra santa" y la religión de una manera general. Sentí que él estaba sobre aviso. Seguía siendo prolijo, pero se mantenía discreto sobre sus actividades y proyectos. Todavía era demasiado pronto. Karim, en cambio, no se privaba de hacerme preguntas. Se mostró particularmente interesado por informaciones concernientes a Dalil Boubakeur, el rector de la mezquita de París y Soheïb Bencheikh, el rector de la de Marsella. En 1998, la red a la cual pertenecía Karim ya había planeado asesinar a Dalil Boubakeur. Para Karim, el asesinato de dos rectores sería "lícito" puesto que los ulemas saudís*, con quienes Karim y otros "hermanos" estaban en contacto, los habían juzgado "infieles". Mi interlocutor deseaba también tener información sobre personalidades argelinas, sobre todo las que vendrían en visita privada a Francia y diplomáticos argelinos ubicados en París. La precisión de sus preguntas me intrigaba. ¿Qué estaba preparando?

Después de esa larga conversación, decidí regresar a mi casa. Era tarde y no quería quedarme más tiempo.

En el camino de regreso, recordaba todo lo que acababa de ver y escuchar. Al paso de los días y de las semanas, mi convicción se reforzaba. Frecuentaba mucho a activistas del GSPC que defendían la causa de Al-Qaeda. Estaba claro en cambio que los miembros de esta célula no eran "operativos". Sin embargo, la tarea de Karim y de los demás "hermanos" consistía en ocuparse de todo el aspecto logístico que precede o que sucede a las operaciones terroristas. Su papel es reunir informaciones, dinero y hacer proselitismo con el fin de adoctrinar a nuevos adeptos. Sin duda, tenían otras actividades que yo todavía no había descubierto.

Karim, según la evidencia, es el coordinador de la red. Conoce a todo el mundo, reúne dinero, prodiga enseñanzas religiosas, pone a la gente en contacto, recibe "hermanos" de paso en París, les encuentra un alojamiento discreto y, cuando es necesario, les procura documentos falsos. Todas estas actividades son necesarias para las células operativas.

A partir de entonces, estaba convencido de que frecuentaba no a islamitas, sino a los miembros de una célula terrorista. De hecho, el

---

* Ulemas: plural de *alem* que quiere decir téologo musulmán.

terrorista no es únicamente el que coloca la bomba, sino también el que lo esconde, le da información y pone a su disposición el nervio de la guerra: el dinero.

Karim y yo, nos habíamos puesto de acuerdo para llamarnos con regularidad. Al día siguiente, no lo contacté. Quería alejarme un poco de todo eso y reflexionar sobre todo lo que acababa de vivir desde hacía casi un mes y medio. Necesitaba concentrarme en lo que debía hacer o decir a los "hermanos" con el fin de preservar mi seguridad y de no despertar sus sospechas. De hecho, Karim me había pedido muchas cosas y, hasta ese momento, no había hecho absolutamente nada. En particular, me había dado como comisión reunir dinero y procurarle información sobre personalidades. Necesitaba encontrar los argumentos que me permitieran justificar mi falta de eficiencia. Pensaba en los temas sobre los cuales los podría desinformar para probar de qué eran capaces realmente. Eso seguía siendo peligroso y no debía emprender nada contra la ley. Estaba claro que no iba a caer en mi propia trampa. Después de una jornada de reflexión, decidí manejar los hechos día a día, dándoles informaciones falsas sobre generalidades tipo "Bin Laden va a pasar por Al-Jazira próximamente...".

Sábado 9 de noviembre de 2002. Tengo cita a las 15 horas cerca del Hôtel de Ville, en París, con un amigo periodista que no he visto desde hace mucho. Me dirigía hacia el lugar de la cita cuando mi teléfono sonó. Era Karim.

—*Essalamou Alaykoum*, Djamel, ¿puedes venir a la mezquita de la calle Polonceau? Debo encontrarme ahí con otros hermanos.

—Estaré ahí en media hora.

Cancelé mi cita y llamé a un taxi en ese instante. Una vez instalado en el vehículo, pasé al ritual, quitándome mi alianza y colocando mi reloj en la muñeca derecha. El chofer del taxi me miraba sorprendido por el retrovisor, pero se abstuvo de decir cualquier cosa. Esa cita no estaba prevista y el asunto me inquietaba un poco. Llevaba conmigo mis documentos de identificación. Los repartí en los diferentes bolsillos de mi cartera.

El chofer de taxi me dejó a la altura del bulevar Barbès, en el centro del distrito 18. A partir de ahí, sólo me faltaba recorrer unos cuantos metros para alcanzar la calle Polonceau. Llegué a la mezquita cuando la oración de *Al-Asr* acababa de empezar. De lejos, alcancé a ver a Sofiane que llegaba corriendo, me saludó con rapidez haciéndome notar que estábamos retrasados. Los dos entramos rápidamente en la mezquita alineándonos del lado de los fieles. Al final de la oración, me vino a la mente una idea. Le dije a Sofiane que me acababan de robar mi portafolios. Se puso a buscar conmigo. Se sentía indignado de que me hubieran robado mi portafolios mientras hacía la oración. Este pretexto me permitiría, por lo menos eso esperaba, salvarme si me encontraba sometido a un control de identificación en su presencia por una u otra razón.

Mientras discutía con Sofiane sobre la "pérdida de mis documentos de identificación", Mourad llegó a la mezquita. Nos saludó, iba a hacer solo la oración y se nos unió. Sofiane se encargó de referirle "el incidente". Mourad se mostró igualmente escandalizado por este asunto. Karim todavía no estaba ahí. Pregunté por él, pero nadie lo había visto. Entonces, me hicieron saber que tenía que ir porque el jeque Salaheddine, un imán integrista, daría un sermón, evento que fue cancelado en el último momento. Nos quedamos cerca de una hora adentro de la mezquita discutiendo de todo y de nada. Karim me llamó finalmente para disculparse, no podía ir. ¿Me habría probado para ver si podía contar conmigo cuando me llamara o le había pedido a alguien que me observara desde lejos para verificar mi historia? Probablemente nunca lo sabré, pero, lo que es cierto, es que Karim no cambiaría de actitud hacia mí.

Aproveché la ocasión para decirle que me habían robado mi portafolios dentro de la mezquita. Me sugirió que pusiera una queja, pero sin decir a los policías que el robo había tenido lugar dentro de la mezquita precisándome que "eso empañaría la imagen del Islam y de los hermanos frente a los infieles".

Conté a Mourad y a Sofiane lo que Karim me había aconsejado por teléfono. "Tiene razón", me dijeron los dos. Les informé que regresaría a hacer mi declaración de robo después de la ruptura del ayuno. Justifiqué mi decisión con el riesgo de que me retuvieran mucho tiempo en la comisaría. Los dos "hermanos" lo aprobaron.

Mourad me preguntó entonces a dónde me dirigía.

—Regreso a mi casa en Montreuil.

—Nos queda bien, también nosotros vivimos en Montreuil. Vamos a acompañarte.

Contuve mi sangre fría, aceptando su propuesta y dando las gracias. No tenía opción. Un musulmán no puede hacer otra cosa que regresar a su casa un sábado en la tarde, a media hora de la ruptura del ayuno. No podía encontrar un pretexto para no ir con ellos. Una vez en el auto, reflexioné sobre el lugar que iba a indicarles en Montreuil. Me concentré en un pequeño edificio cerca de la calle Croix-de-Chevaux, no muy lejos de la mezquita. A partir de ese momento, sería ahí en donde viviría. En el transcurso del trayecto, los dos "hermanos" me hicieron preguntas sobre Argelia, sobre mis estudios, mi carrera profesional y mis actividades políticas. Había aprendido de memoria mi nueva historia y, en este juego, ellos no tenían ninguna posibilidad de ganar. Después de algunos minutos, se miraron, visiblemente convencidos por mis respuestas. Cuando llegamos a Montreuil, les indiqué el camino hacia "mi casa" sin dudar ni un solo segundo. Estábamos a cinco minutos de la hora de ruptura del ayuno y tenían prisa de regresar a sus casas. Les mostré con mucha seguridad el edificio donde vivía. Incluso los invité a "comer en casa conmigo". Por suerte, rehusaron. Confieso que en cuanto a este golpe, jalé la cuerda muy lejos, pero era necesario correr un riesgo para seguir siendo creíble. Nos despedimos rápidamente deseándonos una buena comida y bajé del auto haciéndoles una última señal con la mano mientras Mourad daba media vuelta. Según habían dicho, vivían en un núcleo como a dos kilómetros del lugar en el que me habían dejado. En la esquina de la calle, me precipité en el taxi que iba a llevarme a mi verdadera casa. Acababa de ganar una nueva jornada y eso me procuraba una cierta alegría, aún más de percibir cada vez más confianza de mis nuevos "hermanos". No obstante, decidí no verlos durante algunos días para recuperar una vida normal. Necesitaba una tregua. No pasaba un momento sin pensar en ellos. No podía impedir hacerme una infinidad de preguntas: "¿Estaban preparando algo? ¿Investigaban sobre mí? ¿Estaban, ellos o sus cómplices, listos para pasar a la acción?"

Los días siguientes Karim me llamó con regularidad. Siempre, le respondí que estaba extremadamente ocupado con el reportaje que "preparaba sobre los musulmanes". Me interrogó para saber si seguía escrupulosamente las prácticas religiosas durante ese mes del Ramadán. Nunca abordaba los temas sensibles por teléfono. Cada vez que deseaba hablarme de algo importante, me daba una cita. Lo tranquilicé sobre mi "asiduidad religiosa" y convenimos vernos muy pronto.

Lunes 18 de noviembre de 2002. Tengo cita con Karim en Ménilmontant. Este día, decidí hablarle de Imad alias Omar Saïki, quien, en 1998, fue considerado por la justicia francesa como el jefe del grupo. Debíamos encontrarnos cerca de la entrada del metro después de la ruptura del ayuno a que obliga el Ramadán. Lo esperé un buen tiempo antes de que llegara. Caminaba con muletas a causa de su accidente. De inmediato, nos dirigimos hacia un café que le gustaba especialmente. Como de costumbre, Karim me hablaba de religión, del profeta, de las conquistas, de la *jihad,* con el fin de perfeccionar mi formación ideológica. Me aconsejó seguir a los ulemas saudís que predican el wahabismo* y el salafismo**. Para estos últimos, el musulmán que no realiza la oración, deja de serlo. Igual sucede con la mujer sin velo o con todos los que no se apegan a los preceptos, no del Islam, sino del wahabismo. Karim y los demás "hermanos" no son más que puros productos del wahabismo.

Después de haber evocado con él temas ligados a la religión, le pedí a Karim noticias de Omar Saïki. Al principio, me respondió con evasivas pero, ante mi insistencia, me contó la historia de este último con más precisiones. Eso me permitiría reafirmar las informaciones que ya tenía en mi poder.

En esa época, Saïki daba "cursos de religión" y es evidente que el perfil que me daba Karim correspondía perfectamente con el que yo esperaba. Omar Saïki era el representante o, por lo menos, uno de los

---

* *Wahabismo*: doctrina fundada por Mohamed Ibn Abdelwaheb que predica un Islam rigorista. El wahabismo se propagó desde Arabia Saudita.
** De la palabra *salaf* que quiere decir literalmente ancestro. Los salafistas predican un regreso al Islam original.

representantes del GSPC en el continente europeo. Sus contactos con las demás células evidentemente eran frecuentes. Conocía a islamitas tanto en Alemania como en Gran Bretaña y Francia o Italia. Sin embargo, su carrera era bastante atípica. De hecho, cuando Saïki fue exiliado a comienzos de la década de los noventa, no tenía absolutamente nada de islamita. Muchos testimonios me han confirmado que frecuentaba más los bares y a las prostitutas que las mezquitas y los sermones de Abou Qatada. Saïki posee el perfil típico de quienes han aterrizado en el islamismo por "accidente" y han redoblado el celo para encontrarse en células terroristas permitiéndoles hallar un remedio para las frustraciones acumuladas por una categoría de jóvenes del Maghreb. Saïki, luego de haber aprendido algunos balbuceos teológicos, se improvisó como profesor de teología y contaminó a otros jóvenes.

El retrato que Karim me esbozaba se saltaba el papel exacto de este personaje. Lo presentaba como un hombre "emprendedor", "dinámico", "convencido". Karim ennumeraba todas las cualidades de su "jefe", no sin dejar aparecer ciertos celos. Despojado de su nacionalidad francesa en septiembre de 2002, Saïki se había refugiado en Londres para escapar de una eventual expulsión a Argelia. Le pedí a Karim que me pusiera en contacto con él. Me prometió hacer lo necesario. Nos quedamos juntos hasta la media noche. Karim se propuso acompañarme en coche. Yo no sabía que poseía un vehículo y estaba lejos de sospechar que pudiera conducir después de su accidente en *scooter*. Traté de disuadirlo, pero insistió tanto que terminé por aceptar. Naturalmente iba a llevarme a Montreuil. Eso no lo molestaba puesto que no debía pasar la noche en su casa. Los islamitas activos evitan pasar las noches de lunes y martes y las de jueves y viernes en sus casas. Según ellos, los policías proceden a las interpelaciones de islamitas y a las pesquisas los martes y viernes de la mañana a las seis. Esta afirmación me pareció ridícula pero, tras verificarla, pude constatar que no estaba completamente infundada. Eso respondía visiblemente a una preocupación de organización administrativa con los magistrados y policías. Tomé conciencia de que los islamitas a veces estaban bien informados. Karim me dijo en el trayecto que tenía a su disposición varios escondites, entre los cuales había uno en el barrio de Barbès y otro en Montreuil. Con orgullo, exhibió frente a mí varios juegos de llaves precisando: "Djamel, si un día necesitas esconderte, no habrá ningún problema."

Esta propuesta me hizo sonreír aún a pesar de mí mismo, ya que, si un día tenía que esconderme, con toda seguridad sería para escapar de él o de sus "hermanos".

En Montreuil, Karim se dirigió hacia la mezquita. Normal, sabía que yo vivía en ese barrio. Cuando llegamos cerca de mi supuesto domicilio, vi a un grupo de jóvenes en la entrada del edificio. Pedí a Karim que me dejara a unas decenas de metros antes, pero insistió en dejarme al pie del edificio. Este tipo era obstinado. Ya no tenía opción. Sobre todo, no debía entrar en pánico. Llegué a conservar mi sangre fría. Detuvo el auto cerca del grupo de jóvenes, sin duda para asegurarse de que iba a entrar con toda seguridad en el edificio que le había indicado. Tuve la sensación de que todo se había arruinado, que iba a descubrir mi superchería. Me despedí efusivo. Los jóvenes nos miraban de una forma extraña. Dos barbados en la parte de abajo del edificio a la una de la mañana, no son algo frecuente. Al bajar del auto, tuve una especie de sobresalto. Me dirigí hacia el grupo de jóvenes y los saludé uno por uno ante los ojos de Karim que metía la reversa. De este modo, le probaba que eran jóvenes de mi barrio. Estos últimos, como una decena, me miraban de hito en hito con una mirada huraña. No entendían por qué les estrechaba la mano cuando me veían por primera vez en sus vidas. Esta maniobra me permitió ganar tiempo. Karim ya había alcanzado la calle principal. Le hice una última seña desde lejos antes de precipitarme en el edificio. Ahí, uno de los jóvenes me increpó para saber a dónde iba y quién era. Volví a salir del edificio dándole el primer nombre que me pasó por la cabeza. Me respondieron a coro que no había ningún locatario con ese nombre. Me escrutaban con desconfianza. Para tranquilizarlos, les pedí entonces que me indicaran la calle del general Gallieni. "Es del otro lado", me respondió uno de ellos. Al irme, oí que uno les decía a los demás: "Debe ser un enfermo mental." Tal vez no estaba completamente equivocado, ya que para hacer lo que yo hacía se necesitaba tener tornillos de menos.

Esperando en la calle principal, veía hacia la izquierda. Karim estaba lejos. Distinguí su auto detenido en un alto a inicios de la calle de la Croix-de-Chevaus. Corrí hacia el sitio de taxis y vi uno que dejaba a un cliente. Subí sin preguntar siquiera al chofer si estaba libre. Tenía un aire más que sospechoso. Sin embargo, no me hizo ningún comentario. Finalmente, regresé a mi casa. Era cerca de las dos de la mañana.

Estaba con miembros de Al-Qaeda

Martes 19 de noviembre de 2002. Ese día decidí grabar a Karim con una cámara oculta. Quería que me repitiera las opiniones que ya había externado conmigo con el fin de integrarlas en el reportaje para France 2. Karim, por su lado, deseaba verme porque quería que volviéramos a hacer otra entrevista sobre el tema de la *jihad*. Estimaba que no había sido lo suficientemente preciso en la primera entrevista grabada. Esta vez, teníamos cita antes de la ruptura del ayuno, a las 15:30 horas.

Como de costumbre, me acogió con una gran sonrisa. Le propuse que fuéramos a sentarnos. Karim me indicó una banca pública. Sin preámbulos, abordé con él el tema que ya habíamos tocado: la elección de los blancos. Yo había constatado, de hecho, que Karim —justo como los terroristas del GSPC— no estaba de acuerdo en usar como blancos directamente a los civiles. Era en ese sentido que criticaba a menudo la opción que tomaron en 1995 los hombres de Djamel Zitouni, y que consistía en apuntar hacia los metros y otros lugares públicos. Le supliqué que me explicara cómo se debía determinar un blanco. Además, quería que me lo explicara en un plano dogmático. Su respuesta, incluso si incluía cierta ambigüedad, me daría información sobre la lógica de los islamitas afiliados a Osama Bin Laden. De hecho, según Karim, "cuando se coloca una bomba en el metro, el pueblo es el blanco. Por el contrario, si ésta se coloca en la torre Eiffel, el símbolo es el blanco aunque también algunos civiles podrían perder la vida". Terminó su respuesta con la siguiente frase: "Debemos atacar a los símbolos, no a los civiles. El jeque Osama no apuntaba a los civiles que estaban dentro del World Trade Center, sino al símbolo representado por las dos torres." En seguida, lo interrogué sobre los riesgos que amenazan a Francia. Para Karim, Francia podría ser blanco de operaciones terroristas si "se compromete demasiado con los estadounidenses, sobre todo en el caso de una guerra eventual contra Irak y los musulmanes". Siguió con su análisis precisándome que "el jeque (Bin Laden) podría golpear a Francia como golpeó a Bali". Entablamos un diálogo a propósito del líder de Al-Qaeda:

—¿Crees que muchos musulmanes estén de acuerdo con la acción de Bin Laden?

—Todos los que son sinceros con Alá apoyan a Bin Laden. Todo musulmán que no quiera a Bin Laden tiene hipocresía en su corazón. Hay algunas personas que lo critican, pero ellas no nos han dado ninguna otra alternativa.

En mitad de nuestra discusión, Karim me pidió de nuevo que me comprometiera más a fondo con ellos.

—¿Cómo puedo ayudarlos?

—Ya sabes lo que hay que hacer...

—Dime exactamente lo que esperas de mí.

—Ya te he dicho, Djamel, que todo musulmán debe ayudarnos.

—Pero te hablo de mí, Karim. ¿Qué esperas de mí exactamente?

—Escúchame bien, Djamel. El profeta dijo: "Alá ha facilitado la tarea de cada uno de nosotros." Tú, tú has sido creado para ser periodista. Entonces, realiza tu trabajo de manera que sirvas a la causa. Nos ayudarás como periodista.

—¿Quieres que haga propaganda?

—*Barak Allahou Fik* (que Dios te bendiga). Trata de "positivar" la acción de Al-Qaeda. De una manera indirecta y sutil, explica las razones que empujan a Al-Qaeda a proclamar la jihad. Cita la injusticia que apunta hacia los musulmanes en todo el mundo... Tú sabes qué hacer. Sobre todo, es preciso hacerlo con inteligencia.

—Y, además de eso, ¿qué más podría hacer?

—Si encuentras personas que tengan mucho dinero, les propones igualmente que nos ayuden. El dinero es muy importante. Es preciso tener en mente que hoy en día una bala cuesta 22 francos.

Acababa de hacerme reclutar oficialmente por Karim. En ese instante, vivía un momento muy importante. Mi interlocutor a partir de entonces debía tener una gran confianza en mí. Era necesario que lo impulsara a decirme más. Karim comenzó primero por revelarme que se consideraba como "un terrorista musulmán". Con una sonrisa, me recitó un versículo del Corán que dice: "Preparen lo que sea necesario como fuerza y calvario para aterrorizar a los enemigos de Dios y a los enemigos de ustedes."

En seguida, me habló de Djamel Hervé Loiseau. Me confirmó que era él quien lo había adoctrinado y agregó: "hoy que él ha muerto como mártir, ¡no soy nada frente a él!". Decidí provocarlo.

—¿Por qué no te fuiste a cumplir con la *jihad*?

—Los teólogos fueron quienes me lo impidieron. Me dijeron: "Tú dominas las dos lenguas (el árabe y el francés), por tanto, debes quedarte en Francia".

—Pero, ¿por qué quieren que te quedes en Francia? ¿Tienes un papel preciso?

—Yo..., yo incito a la gente. La animo a hacer la *jihad*. Es algo importante para Alá.

Karim acababa de confirmar mis sospechas frente a una cámara oculta. Me sentía jubiloso. Allí tenía una confesión, una declaración como Dios manda que clarificaba su papel exacto. Entonces, eran él y otros quienes habían "incitado" a un joven como Djamel Hervé Loiseau a ir a morir a las montañas afganas. Era por su culpa y la de sus "hermanos" que personas desorientadas se hayan embarcadas, reclutadas en combates que no eran los suyos. Tenía frente a mí a un jefe de taller. Él fabricaba carne de cañón para el terrorismo internacional. Tenía frente a mí un poseedor de la identidad francesa, cuyo objetivo era arrancar jóvenes a sus familias para enviarlos a Afganistán, Chechenia u otro lugar. Tenía ganas de escupirle en la cara, de agitar mi puño sobre su rostro, pero controlé mi cólera, mi revuelta. Estaba aún más disgustado por este individuo que se quedaba en Francia reuniendo dinero sin trabajar, tragando del día a la noche, mientras animaba a muchachos a ir a que los mataran a miles de kilómetros de sus casas. Además, no dudó en desempeñar plenamente su papel conmigo cuando le hice creer que, yo también, planeaba ir a realizar la *jihad*.

—Ve, Djamel. En lo que respecta a tu mujer y tus hijos, no te preocupes. Dios los protegerá.

Sin embargo, me precisó que sería necesario que fuera primero a entrenarme en Chechenia.

Decidí aprovechar su prolijidad para sacarle otros datos, delimitar así su papel e identificar sus contactos.

Hace unos momentos me hablabas de teólogos, pero realmente quién te impidió ir.

—El jeque Selmane.

—¿Quién es el jeque Selmane?

—¡Cómo! ¿No lo conoces? El saudí, Jeque Selmane Al'Ouda. Ya sabes, los quince saudís del 11 de septiembre, todos fueron formados por él.

Bueno, evidentemente, conocía la reputación de Selmane Al'Ouda, pero quería que él me dijera lo que sabía al respecto. El jeque Selmane es actualmente uno de los más grandes ideólogos saudís. Chantre del wahabismo, había vuelto lícitas las operaciones suicidas calificándolas de "operaciones de mártir". Los salafistas tienen casi todos su línea telefónica directa y lo consultan antes de cada decisión importante. Además, las autoridades saudís lo habían arrestado a comienzos de los años noventa por haber llamado a la población a oponerse a la familia real. Lo soltaron en 1999 y, desde entonces, ha retomado sus actividades. Es de los que sostienen la acción terrorista de Bin Laden y le confieren una dimensión religiosa.

Yo tenía curiosidad por saber en qué campo se había entrenado antes de los hechos del 11 de septiembre.

—En el campo Al Farouk, el de Osama... Es ahí donde se entrenaron nuestros hermanos Djamel (Hervé Loiseau) e Ibrahim (Yadel).

—¿Y tú sabes cuáles son los trámites para ir ahí?

—¡Claro! Lo sé todo. Te dije que yo debería haber ido, de no ser por las órdenes del jeque Selmane.

—Si hubieras ido, hoy serías un verdadero operacional. ¿Estás fichado desde tu arresto de 1998?

—Es verdad, estoy fichado, por eso ahora me dejé la barba, pero no te preocupes, Djamel, los servicios de policía no conocen a muchos de nuestros hermanos. Los ves en la calle: están casi rapados y a veces incluso llevan un arete. Jamás adivinarías que son *moudjahidines*. Los tomarías por hijos de papá.

Karim terminó su frase con una risa jubilosa que me hizo sentir sudores fríos en la espalda. En el transcurso de esta misma entrevista, también me dijo que un "hermano", que se había ido a cumplir con la *jihad* en Chechenia, acababa de regresar a Francia. Según él, el "hermano" en cuestión se había entrenado muy bien ahí y debía regresar allá después de una "misión" en Europa. No me diría más. ¿Era necesario entender que "la misión" de la que hablaba era un acto terrorista en preparación? Yo no contaría con otros elementos para asegurarme de la veracidad de esa información. Por lo menos, no ese día.

Sus palabras confirmaban todas las hipótesis dichas o escritas por la mayoría de quienes trabajaban sobre este tema, y confirmaban todos los datos que yo había podido reunir en el curso de esos últimos años. El terrorismo islamita todavía tiene largos años por delante. Es necesario actuar bien y rápido. Es lo menos que puedo decir. Después de una hora con Karim, decidí regresar a mi casa. Ya había oído suficiente por hoy. En realidad, estaba completamente desamparado. Esta historia comenzaba a pesarme en el plano nervioso; se volvía cada vez más difícil. Estaba en contacto con gente a la que siempre había combatido y su discurso me daba náuseas. Sin embargo, era necesario que fuera hasta el final, que explorara el menor recoveco de su intimidad con el fin de comprender su funcionamiento, sus reflejos. Debía descubrir sus objetivos a corto y largo plazo. Estaba como un hombre que hubiera encontrado extraterrestres y que les pidiera que lo llevaran a su planeta. Deseaba viajar el mayor tiempo posible en su galaxia. Buscaba traspasar ese misterio que rodea las actividades del movimiento islámico-terrorista. Entonces, iba a dejar de lado mis estados de ánimo y perseverar en la aventura. Sin embargo, me fijé un límite. Decidí, en efecto, detener todo el 15 de enero de 2003 a más tardar. Me quedaba un mes y medio en el mundo de los locos.

Toda la tarde y durante toda la jornada del día siguiente, medité las revelaciones de Karim. Actuaba según los deseos de individuos que viven en Arabia Saudita, en Gran Bretaña o en otro lugar. Este argelino naturalizado francés en el 2001, aunque lo habían detenido en 1998, tenía por misión enviar a jóvenes musulmanes que vivían en Francia a que los mataran en el extranjero. Frente a tales acciones, la ley es visiblemente impotente.

No me corresponde dar una opinión sobre las leyes en vigor. No sé si los riesgos que corrí servirán para algo. Lo que sé, en cambio, es que actúe según mi alma y conciencia para tratar, primero, de contribuir a preservar la vida de inocentes y, después, para revelar a la opinión pública esta experiencia, con el fin de que juzgue por sí misma los peligros que amenazan a nuestra democracia. Me importaba hacer este paréntesis para responder con anticipación a los "bien pensados" que pretenden haber comprendido el fenómeno islamita desde sus oficinas parisinas. Hablo sobre todo de los representantes de esta corriente que, en Francia, intentan, abusando de pretextos tipo "derechos humanos", sabotear toda acción que denuncie al islamismo como ideología y justifican a esos mismos islamitas por crímenes que no dejan de cometer en todo el mundo. Preocupado por la verdad, es preciso señalar que Karim Bourti, cuyas palabras refiero aquí, está defendido por un abogado "muy comprometido" en las cuestiones de "derechos humanos", Patrick Baudoin, un antiguo responsable de una ONG conocida en el lugar. ¿Seguiría defendiéndolo? No me hago ninguna ilusión. Creo que, finalmente, las divergencias que tengo con este tipo de personajes se deben al hecho de que tenemos concepciones diferentes, no sobre derechos humanos, sino sobre la Humanidad sin ir más lejos. Ellos consideran que los asesinos, los colocadores de bombas, los degolladores de mujeres y de niños se deben poner en un nivel de igualdad con sus víctimas. No obstante, ¡yo me niego a confundir al degollado y al degollador!

Jueves 21 de noviembre de 2002. Karim me había hablado de un restaurante gratuito que uno de sus amigos islamitas habían abierto en Barbès durante el mes del Ramadán. Karim me había propuesto que llevara ahí las cámaras de France 2 para que los televidentes vieran "la obra de caridad de los musulmanes". Iba hacia allá como a las 15 horas cuando mi teléfono celular empezó a sonar. Era Karim...

—¿Dónde estás, Djamel? Es hora de la oración...

—Estoy en Barbès, acabo de bajar del metro.

—Apúrate, te espero con algunos hermanos.

Desde entonces, Karim me consideraba como uno de sus hombres. Su tono conmigo había cambiado. Me hablaba siempre con respeto, pero me daba "órdenes" gustoso. Este juego no me disgustaba porque yo había decidido seguir haciendo el imbécil. Al llegar a la altura de la mezquita de la calle Myrha, alcancé a ver de lejos a Karim, Mehdi (a quien había conocido en el Palacio de Justicia) y a un tercer islamita con un traje pakistaní. Los saludé empezando por Mehdi y Karim. Este último se encargó de presentarme con el tercer "hermano":

—Djamel, te presento a Abou Salsabyl.

—*Essalamou alaykoum* (que la paz esté con usted), hermano, —le dije.

Este "hermano" me respondió en árabe con un acento extraño. Por su físico y por su acento, deduje que se trataba de un convertido. ¿Otro émulo de Karim? Era muy posible.

El pseudónimo que se había otorgado daba risa. Era un nombre usado por las tribus árabes hace más de catorce siglos. Ni siquiera un musulmán practicante se atrevería a llamar así a sus hijos. Es como si un francés le pusiera Vercingétorix a su hijo. Esta elección me confirmó lo que yo sabía sobre el celo del que hacen gala los nuevos convertidos en su práctica de la religión. En realidad, se islamizan como otros se afilian a sectas que promueven comportamientos bizarros. Estos convertidos también se hacían llamar Younès. Sabría por Karim que su nombre verdadero era Thomas.

A Karim le importaba presentarme al comerciante que financiaba los restaurantes que servían comidas gratuitas. Saludó a los otros dos "hermanos" y me pidió que lo siguiera hasta la tienda situada cerca de la mezquita Myrha perteneciente al comerciante en cuestión. Mi intuición no me engañaría. De hecho, conociendo el interés que confieren los islamitas a la acción social, estaba persuadido de que el "generoso donador" era un islamita. No me había equivocado. El hombre era un integrista. Los reconozco rápido, no por su barba sino por su comportamiento, por su léxico y sus hábitos. El comerciante, como de cuarenta años, era más bien reservado. Me miraba con un aire de desconfianza. Me explicaría que actuaba así "por Alá". Incluso cuando matan, esas personas lo hacen "por Alá". Muy bien habría podido en el mismo tono justificar cualquier asesinato. Se hizo una cita para grabar "el trabajo positivo de los musulmanes". Tras una corta discusión, nos despedimos de él. Karim debía ir al correo para enviar un giro a un hermano encarcelado.

—¿Para quién es?

—Smaïn Aït Ali Belkacem.

Descubro que Karim está realmente cerca de los autores de los atentados de 1995 y sobre todo de Smaïn Aït Ali Belkacem, el segundo condenado en ese asunto. Dentro del correo del barrio de Barbès, Karim me informó sobre el viaje que tenía que hacer a Londres con algunos "hermanos" durante las fiestas de fin de año.

—¿Quieres acompañarnos, Djamel?

—¿Qué van a hacer allá?

—Tenemos cita con otros hermanos. Tenemos que hacer un trabajo.

—¿Qué trabajo?

—No puedo decirte nada ahora. Si vienes con nosotros, lo verás.

Por lo general, cuando un terrorista habla de "trabajo", hay que preocuparse. De hecho, cuando cometen un acto terrorista, dicen que "trabajan". Lo mismo cuando preparan una acción cualquiera o cuando deben emprender algo ilegal. ¿Karim debía preparar con otros un atentado en Londres? No lo sé. En cambio, de lo que estoy seguro es de que él y los demás "hermanos" a menudo se han referido frente a mí al arresto que hizo Scotland Yard de Abou-Qatada, uno de los ideólogos del terrorismo internacional y uno de las personas cercanas a Bin Laden. Con frecuencia los he escuchado decir que "los ingleses podrían atraerse problemas si siguieran persiguiendo a los hermanos". Dicho esto, sería muy posible que sus comentarios no fueran sino las palabras sin importancia de un grupo de excitados. Naturalmente, si los "hermanos" deseaban llevarme con ellos a Londres, no me iba a negar. Estaba decidido a llevar mi investigación hasta el final.

Ese día, todos los "hermanos" parecían mirarme de una forma extraña. No entendía por qué. Sería necesario esperar el final de mi entrevista con Karim para darme cuenta de que los había sorprendido bastante. En efecto, llevaba una boina negra para protegerme de la lluvia. Karim me escrutaba con un aire molesto, pero no lograba que me dijera por qué. Le hice la pregunta.

—¿Qué pasa Karim? Tengo la impresión de que quieres decirme algo desde hace rato.

—Es por tu boina.

—¿Qué tiene mi boina?

—Discúlpame, hermano, pero con esa boina te pareces a un judío ortodoxo. Nuestra religión nos prohíbe parecernos a los judíos y a los infieles.

Yo no sabía si debía reír o llorar. Estaba ahí, en el corazón del integrismo, pero alcanzaba sobre todo el corazón de la imbecilidad humana. Fingí sentirme ofendido por la "sentencia" que Karim me acababa de infligir: "¿Parezco un judío? Ah, ¡qué desgracia!"

—Inmediatamente voy a tirar esta porquería, —le lancé a mi interlocutor señalando el sombrero.

—¡No! No la tires, véndesela a un infiel, juntarás con qué comprar dulces para los niños.

Me quité la boina y la puse en mi mochila casi disculpándome ante Karim, que sacaba el pecho, creyendo sin duda que tenía frente a él un producto manejable a su gusto como los jóvenes que adoctrina habitualmente. Después de este intercambio "muy interesante", me despedí de Karim. Eran las 16:30. Tomé un taxi para regresar a mi casa y cumplir con la ruptura del ayuno en familia. Cuando estuve en el coche, volví a ponerme el reloj en la mano izquierda, la alianza en su lugar y... mi boina.

Los tres días siguientes, sólo iba a tener contactos telefónicos con Karim. Deseaba descansar un poquito y retomar una vida normal. En una de nuestras breves conversaciones telefónicas, le había indicado a Karim que iría la semana próxima con una cámara para grabar todas las "obras de caridad" en las cuales participaba. Además del restaurante gratuito, me había hablado de sus frecuentes visitas a los hospitales. Iba con "hermanos" para "llevar la buena palabra y el consuelo" a los enfermos, sobre todo a los que se confesaban musulmanes. Los medios islamitas con estas acciones intentan jalar a su causa a los miembros más vulnerables de la sociedad. De ese modo, esperan (re)islamizar musulmanes y, por qué no, convertir a nuevos musulmanes. Con el equipo de France 2, nos importaba grabar estas actividades para demostrar la ambivalencia que caracteriza la acción de los islamitas.

Lunes 25 de noviembre de 2002. Tengo cita con Karim en la mezquita de la calle Myrha para la oración del *Asr*. Llegué con algunos minutos de retraso. La oración ya había comenzado. Al finalizar, vi a mi alrededor, Karim no estaba ahí. Lo encontré en el primer piso de la mezquita en plena conversación con un hombre joven. Le hice una señal con la mano para que entendiera que lo esperaba afuera. Apenas había salido, cuando vi que dos hombres se me acercaban. Fue una catástrofe. Conocía bien a los dos, Lyes Laribi, un islamita argelino, antiguo militante del FIS. Uno de esos individuos que se presentan en Francia como víctimas cuando el partido integrista en el que han militado y para el cual siguen militando sigue siendo responsable de decenas de miles de muertos en Argelia. Con los colmillos de fuera, los ojos desorbitados, el pañuelo ajustado, Lyes Laribi, se dirigió hacia mí y me lanzó:

—¿¡Qué haces aquí, cabrón!?

Nunca olvidaré este instante y la forma en que supe conservar mi sangre fría. Karim iba a salir de un momento a otro y si me encontraba en el centro de una pelea con un militante islamita, estaba fregado. Por tanto, tenía poco tiempo para arreglar el problema con el que súbitamente estaba confrontado. Decidí jugarme el todo por el todo:

—¿Es a mí a quien le hablas, hermano?

—¡Sí, es a ti a quien le hablo, cabrón!

El hombre redobló la ira, pero sentí que mi pregunta y mi indolencia lo habían desconcertado bastante.

—¿Me conoce?

—Claro que te conozco. ¿Eres Mohamed Sifaoui, el periodista?

—Se equivoca, hermano...

—¿Usted no se llama Mohamed Sifaoui?

—¡No! En lo absoluto, se equivoca.

Frente a la calma que yo demostraba, el otro hombre tomó a Lyes Laribi por el brazo diciéndole: "No es él, te lo dije, sólo se le parece."

Lyes Laribi estaba confundido:

—Discúlpeme, hermano. Lo tomé por un maldito infiel, un periodista, que desde hace años no deja de insultar a los musulmanes.

—La próxima vez asegúrese de la identidad de las personas antes de agredirlas en la calle, ¡lo que ha hecho usted no es digno de un buen musulmán!

—Discúlpeme una vez más. Pero, créame, se parecen como dos gotas de agua. Él, él no es practicante como usted y no frecuenta las mezquitas. Además, es un cobarde. Nunca se habría atrevido a venir aquí. Sabe que si los hermanos lo atrapan, está muerto.

La conversación ya había durado suficiente. Ciertamente, Karim no iba a tardarse en salir de la mezquita. Ya había jugado suficiente con la suerte así. Aproveché que mi teléfono sonaba para despedirme de Lyes Laribi deseándole, con la sonrisa, un buen Ramadán. Si Lyes Laribi tiene oportunidad de leer este libro, me resulta importante confirmarle que claro que era yo con quien habló el lunes 25 de noviembre de 2002 en la calle Myrha.

Al mismo tiempo que contestaba el teléfono, me dirigí hacia una calle adyacente para escapar del que me había reconocido. Colgué muy rápido luego de disculparme con mi interlocutor, para poder caminar más rápido. Finalmente, llegué al boulevard Barbès. Mi teléfono volvió a sonar. Esta vez, era Karim:

—¿Dónde estás, Djamel?

—No estoy muy lejos de la mezquita. Hay que encontrarnos en el boulevard Barbès.

Sobre todo, era preciso que Lyes Laribi no me viera con Karim. Se corría el riesgo de que fuera a interrogarlo sobre mí. Y si Karim me presentaba como periodista, estaba fregado. Dos "copias" con el mismo origen, la misma edad y la misma profesión, habría sido demasiado, incluso alguien con una inteligencia limitada se habría dado cuenta de la superchería.

Karim se reunió conmigo algunos minutos más tarde. Dimos una vuelta por el vecindario, pero todavía preocupado por Lyes Laribi, para largarme, pretexté un problema urgente que debía arreglar. Ese día, Karim quería que hiciéramos juntos la ruptura del ayuno y luego llevarme a una sesión de exorcismo. De hecho, se había autoproclamado curandero y me había contado que le daba por ir a recitar versículos del Corán a musulmanes aquejados por problemas psicológicos. Muchas personas crédulas todavía creían en estas prácticas y le tenían confianza a cualquier charlatán que se apareciera. Como sabía cómo se desarrollaban las sesiones de exorcismo, no quería asistir, ya que corría el riesgo de que durara varias horas. Por tanto, me despedí de Karim dándole cita para el día siguiente. Desde el inicio de este asunto, había tenido mucha suerte, pero el incidente con Lyes Laribi subrayaba los límites de ésta.

Martes 26 de noviembre de 2002. Karim y yo debemos encontrarnos en la mezquita Polonceau durante la oración de *dohr* (media jornada). Llegué como a las 13 horas. Karim ya estaba ahí y me estaba esperando. Realizamos juntos la oración y, al final, me dio las llaves de un escondite que ocupaba desde hace algunos días, en la calle Boissieu, en el barrio de Barbès.

—Ten, el duplicado de las llaves. Saliendo de la mezquita, me seguirás permaneciendo una veintena de metros atrás de mí para vigilar que ninguna persona me siga. Cuando entre en un edificio, esperarás cinco minutos antes de alcanzarme. Es en el primer piso, puerta de la derecha.

Después de haber escuchado atentamente las "instrucciones" de Karim, le recordé que el equipo de France 2 iba a reunirse conmigo para completar, como se tenía previsto, la entrevista que habíamos tenido con él tres semanas antes.

—¿De verdad les tienes confianza, Djamel?

—Por supuesto, no tienes nada que temer.

—Bueno, no les digas que es un escondite. Diles que es el departamento de un amigo que se ausentó por algunos días.

—No tienes nada que temer, hermano, no van a hacerme preguntas.

Tranquilizado por mis palabras, Karim aceptó. Fue el primero en salir de la mezquita. Permanecí detrás de él como lo habíamos previsto y aproveché para llamar al equipo de France 2 para indicar a mis colegas el lugar de la grabación. Karim se fue a lo largo del boulevard de Rochechouart y, en un momento dado, cruzó la calzada. Hice lo mismo. Me detuve frente a una vitrina para darle tiempo de tomar la delantera. Ahí, me di cuenta de que un hombre lo seguía, éste tenía la apariencia de un policía, llevaba una mochila en la espalda y caminaba con cierto descuido, sin quitar los ojos de Karim. Cuando llegué a la altura de la calle Boissieu, vi que Karim abría la puerta de un edificio echando un vistazo a su alrededor. Me lanzó una última mirada antes de entrar en el edificio. El hombre con la mochila en la espalda estaba sobre la acera de enfrente. Había visto todo. Caminé alrededor del edificio antes de encontrarme frente al escondite cinco minutos más tarde. Había perdido de vista al hombre de la mochila en la espalda. Karim me abrió la puerta.

—¿No te siguieron?

—¡No noté nada anormal! —le dije, sin mencionar el asunto que había observado.

El departamento estaba completamente en ruinas. Era de dos piezas. En una de ellas estaban depositados, en desorden, varios cojines y cobijas. La otra pieza estaba mejor arreglada. Un colchón de espuma, colocado en el piso, libros religiosos y audiocassetes sobre la chimenea, un taburete, una alfombra para orar, una silla y una arpillera constituían la decoración de esta habitación. Visiblemente, varias personas habían pasado por ahí. Lo veía por el número de sacos depositados en la otra pieza. Karim me dijo que varios "hermanos" venían aquí cuando temían una visita de la policía en su domicilio. Me mostró con orgullo un enorme manojo de llaves para probarme que tenía muchos escondites más. Me preguntó si yo, también, tenía llaves de departamentos vacíos.

—Es muy importante, Djamel, le puede ser útil a hermanos buscados o de paso en París.

Mi teléfono iba a interrumpir esta conversación. El equipo de France 2 había llegado al vecindario. Apenas abrí la puerta del edificio, me encontré frente a frente con el hombre de la mochila en la espalda. Estaba discutiendo por teléfono. Al verme, se dio vuelta para mirar a otra parte. A partir de ese momento, estuve seguro de que la policía había reparado en mí. Los polis debían estar convencidos de que yo formaba parte del grupo de Karim. Como no tenían nada que reprocharme, decidí seguir con mis investigaciones. En caso de arresto, habría explicado todo a la policía. De todas formas, y me parece importante decirlo, si hubiera sabido de la existencia de un proyecto de atentado, me habría presentado inmediatamente en una comisaría para alertar a los servicios correspondientes. Hago esta precisión para responder con anticipación a todo interrogatorio sobre la actitud que habría adoptado si me hubiera encontrado en una situación semejante. Todavía no se presentaba.

Tras haber dado información e instrucciones rápidamente a mis colegas, revisé mi cámara oculta y nos dirigimos hacia el escondite. Cuando llegamos con Karim, volví a hacer rápidamente las presentaciones. Una vez que la cámara estuvo instalada, comenzó la entrevista. Karim quería hablar de la *jihad*. Ese día nos reiteró la admiración que profesa por Osama Bin Laden e igualmente nos confesó que, tarde o temprano, iría a Chechenia a combatir a los rusos. Entonces, le hicimos una pregunta en relación con los riesgos terroristas que pesan sobre Francia. Karim trató de tranquilizarnos. Nos hizo saber que no hay ningún riesgo para Francia, llegando hasta a comparar a Jacques Chirac con Négus de Abisinia, quien, durante la era mahometana había acogido a musulmanes oprimidos por los quraychitas*. Esta comparación no dejaría de hacernos sonreír. Algunos minutos más tarde, cuando interrumpimos

---

* Quraychitas: Miembros de la tribu Quraych que vivía en La Meca y cuyos dignatarios se oponían al principio al advenimiento del Islam y a la profecía de Mahoma.

la grabación porque Karim quería preparar café para sus "invitados" no musulmanes, lo seguí a la cocina.

—¿Afirmaste en serio que Bin Laden no pensaba golpear a Francia? ¿Crees que va dar un golpe o no?

—¡Ah sí! Claro que la va a golpear. ¿Crees que está jugando? ¿Quieres que te ponga la última grabación del jeque (Osama Bin Laden) difundida en Al-Jazira?

—Entonces, decías cualquier cosa hace un momento frente a la cámara. ¡Ah, ahora sé cuándo dices la verdad y cuándo mientes!

—(Risas) ¡Ah, bueno! Sabes cuándo digo la verdad y cuando miento. Me has cercado, Djamel... (Risas)

—Soy tu hermano, por eso es que te he cercado. Pienso como tú...

Karim me mostró una vez más su doble discurso. Verdaderamente destacaba en ese ejercicio. La palabra que sostenía estaba siempre en las antípodas de la que reservaba para los "infieles". El doble discurso, la *takiya* como lo llaman los islamitas, es una técnica que se emplea en tiempos de la *jihad* "con el enemigo". Nunca divulgar sus intenciones y el fondo de sus pensamientos a un no musulmán, es una regla para los integristas. De este modo, las organizaciones y los individuos que toman su doctrina del islamismo puro y duro se dejan etiquetar con complacencia con el calificativo de "moderados" por occidentales ingenuos al punto de juzgarlos exclusivamente según su discurso. Fulano denuncia los atentados del 11 de septiembre de 2001, entonces es un "moderado" aunque estaría a favor de la lapidación de mujeres adúlteras. Mengano se pronuncia contra la acción de Bin Laden, entonces también es "moderado", aunque militaría día y noche para que se portara velo en la escuela laica. Esta ingenuidad occidental con frecuencia ha permitido que integristas se hagan pasar por personajes honorables. El comandante afgano Ahmed Shah Massoud, con quien se entrenaron varios terroristas internacionales, es sin duda alguna el ejemplo más evidente. Su oposición a los talibanes bastará para hacerlo un héroe.

Después de esta entrevista, Karim nos propuso ir al "restaurante gratuito". Naturalmente lo seguimos. Quisimos grabarlo en acción sobre todo porque, algunos días antes, cuando pasé con él al restaurante, Karim había tratado de hacer proselitismo con todas esas personas que habían ido a mendigar comida y calor humano. Karim ayudaba a los encargados de ese restaurante, pero se ocupaba, sobre todo, del lugar de oración acondicionado cerca. El alcalde del distrito 18, que con toda seguridad ignora que este lugar permite a islamitas prolongar la acción social por medio del proselitismo, les había dado ese local.

En el momento de la ruptura del ayuno, Karim pidió a otros "hermanos" que cerraran la puerta del restaurante. "No les sirvan de comer antes de la oración", le lanzó a uno de los responsables del restaurante. Era Karim quien dirigía la oración. Antes de comenzar, pidió a todos los fieles que hicieran las invocaciones para "la victoria de los hermanos *moudjahidin*". En cada gesto, no olvidaba hacer referencia a la "guerra santa". A lo largo de todo el periodo durante el cual estuve con él, noté que toda su vida estaba centrada alrededor de esta cuestión. Al final de la plegaria, un hombre como de cincuenta años tomó fotos. Entonces, le pregunté a Karim si lo conocía.

—No, no lo conozco pero voy a pedirle sus papeles.

Dicho y hecho. El hombre cumplió la orden y sacó una tarjeta de su portafolios. Era miembro de la FNMF, la Federación Nacional de Musulmanes de Francia. Decidí ir a interrogarlo:

—¿Para qué toma usted estas fotos?

—Ya sabe, hermano, tenemos reuniones frecuentes en el Ministerio del Interior, es para mostrar a (Nicolás) Sarkozy que los musulmanes saben hacer bien las cosas.

Esta federación, que participa en la consulta convocada por el Ministerio del Interior para la creación de una instancia representativa de los musulmanes de Francia, probablemente, quería recuperar la iniciativa de Karim y de otros "hermanos".

Miércoles 27 de noviembre de 2002. Jornada particular con Karim, quien quería llevarme consigo a hacer la ronda de los hospitales para visitar a los enfermos. Ese día, el equipo de France 2 debía poner en evidencia el lado suave. De hecho, Karim me había sugerido su presencia para que grabaran las "buenas acciones de los musulmanes". Convenimos en encontrarnos en la mezquita de la calle Polonceau. Llegué a la cita en el momento de la oración del *dohr*. Karim ya estaba ahí. Una vez que se terminó la oración, Karim me propuso ir al mercado de Barbès para comprar algunas frutas para los enfermos. En el camino, provoqué a mi interlocutor. En efecto, al momento de nuestra primera entrevista grabada, Karim nos había revelado que eran "problemas con las autoridades argelinas" lo que lo había empujado al exilio. En la segunda entrevista, el día anterior, nos había afirmado que nunca "había tenido problemas con las autoridades argelinas". Quería ponerlo cara a cara con esta contradicción. Primero, sorprendido, terminó por pedirme que guardara la segunda versión y olvidara la primera. Prosiguió hablando sobre su nacionalidad francesa, de la cual corría el riesgo de ser despojado como lo habían sido antes que él Kamel Daoudi y Omar Saïki, dos islamitas que tenían nexos con el terrorismo internacional. Esta cuestión lo preocupaba. Temía una expulsión hacia Argelia. Entonces, intenté tranquilizarlo.

Después de haber comprado algunas frutas, Karim y yo nos reunimos con el equipo de France 2 que nos esperaba cerca del boulevard

Barbès. Primero, debíamos ir al hospital Lariboisière, que estaba muy cerca. Karim nos había dicho que tenía la costumbre de hacer visitas ahí.

En el lugar, un agente de seguridad nos impidió entrar con una cámara aunque habíamos pedido una autorización para grabar. Karim daba la impresión de estar sorprendido por esta decisión. Yo jugué el juego para ganar credibilidad frente a él. Fui especialmente descortés con el agente de seguridad a quien presenté mis sinceras disculpas. Karim me miraba sonriendo, visiblemente feliz de mi reacción. No dejaría de ironizar al respecto:

—¿Por qué no nos deja entrar? ¿Creen que vamos a matar a los enfermos? Estos franceses están completamente locos.

—Dime entonces, ¿a quién debemos matar?

—¡Ah! Si encuentro aquí a (el general) Khaled Nezzar* o a (el general) Lamari**, ya verás.

—¿Qué es lo que veré?

—Te lo juro, si los veo, ya no me reconocerás... a menos que me maten primero.

—¿Podré ir contigo?

—No, no, hermano. Para mí, el paraíso es mi objetivo. Ya sabes, matar a esa gente es acercarse a Dios.

---

* Kahaled Nezzar es un antiguo ministro argelino de la Defensa hoy retirado. Fue la cabeza del ejército cuando éste decidió interrumpir el proceso electoral en Argelia, razón por la cual los islamitas argelinos le profesan un odio feroz.

** Mohamed Lamari es el jefe del estado mayor del ejército argelino. En 1992, estuvo a la cabeza de la lucha antiterrorista.

Al pronunciar estas frases, Karim salivaba. Ya no era un musulmán piadoso, listo a ser útil para los miembros de su comunidad, un "hermano" simpático que sonreía todo el tiempo o un hombre íntegro cuya vida estaba dedicada a la religión. Su mirada se volvía dura. Era la de un futuro asesino, un terrorista que "ama la muerte como nosotros amamos la vida". Después de esta reacción epidérmica que mostraba todo el odio que profesa hacia los responsables del poder argelino, Karim me dio un curso sobre la manera de proceder de los "hermanos" cuando preparan un atentado.

—Nuestros hermanos en Argelia, cuando quieren pasar los cordones de policía, usan dos autos. En el primero, hay cuatro barbados a los que no están buscando y, en el segundo, cuatro jóvenes bien rasurados, el radio a todo volumen y un aire despreocupado. Los policías detienen el auto de los barbados y dejan que pase el segundo lleno de armas y explosivos... (risas)...

—Entonces, no encontrarán nada sobre nosotros ahora... (risas)...

—Cuando nos pidan que nos rasuremos la barba, ya verás... (risas)...

Durante nuestra discusión en la entrada del hospital, el equipo de France 2 negociaba una autorización de grabación. Karim reconoció entonces a otro barbado.

—*Essalamou Alaykoum* (que la salvación esté sobre ti), hermano, ¿cómo estás? Te presento a nuestro hermano Djamel.

Karim acababa de presentarme a Ahmed Ouerghemi, un islamita tunecino que, con asilo político, vivía en Francia desde hace diecisiete años. Este último me confió que andaría varios años sin lograr obtener sus papeles. Rápidamente comprendí que conocía bien a Karim y él, también, había frecuentado la mezquita Omar del barrio de Belleville. Este individuo, un verdadero fenómeno, amenazaba de muerte o insultaba, por fax o por correo, a vista y ciencia de todos, al presidente tunecino Zine el Abidine Ben Ali, cuya administración se niega a enviar los pasaportes de su esposa e hijos. Este islamita tunecino me afirmó con orgullo que la única nacionalidad que reconoce se resume en "no hay otro dios que Dios y Mahoma es su profeta". Los islamitas estiman pertenecer a una *Oumma** en la cual el principio de nacionalidad no tiene derecho de ciudadanía.

El equipo de France 2 regresó y nos confirmó que no teníamos derecho de grabar en el interior del hospital. Presenté a Ouerghemi con mis colegas. Cambió radicalmente de discurso y declaró estar "contra el terrorismo y contra todas las formas de violencia". Apenas dieron la espalda los periodistas de la cadena de televisión cuando me dijo sonriendo: "Nunca hay que mostrar a esa gente (a los no musulmanes) que uno forma parte de los grupos de la *jihad*." Una vez más, estaba en el corazón del doble discurso.

Ahmed Ouerghemi me afirmó a continuación haber trabajado con los miembros del GIA entre 1992 y 1994, antes de que lo detuviera la policía francesa. "Debía ir a la guerrilla argelina cuando me detuvieron en Francia", precisó. Para concluir, Ahmed me lanzó: "Djamel, hermano, es preciso hacer perpetuamente la *jihad* hasta que la bandera del Islam esté lo más alto posible." Entonces, pregunté a mi interlocutor cómo lograba vivir sin trabajo y sin recursos. "Estoy en lo de los papeles falsos. Vendo pasaportes falsos a los hermanos buscados."

—Eso resulta conveniente —le dije entonces—, a menudo estoy en contacto con hermanos que buscan papeles falsos.

---

* *Oumma*: Nación islámica que englobaría a todo el mundo musulmán bajo una sola bandera.

—No hay ningún problema, Djamel, te doy mi número de teléfono. En tres días, puedo tenerte un pasaporte falso de excelente calidad. Lo hago con una alcaldía en donde cuento con amigos.

Tomé sus datos telefónicos y me despedí de mi nuevo "hermano" prometiendo que le llamaría muy pronto.

Karim estaba desilusionado por el rechazo que la administración del hospital nos había opuesto. No había seguido la conversación que yo había sostenido con Ahmed. Sin embargo, la directora del hospital aceptó recibir al equipo de televisión para explicar las razones de su oposición. No pertenecemos a ninguna asociación y, por tanto, era lógico que nos negara el acceso a los enfermos. Pude constatar una vez más, sin la presencia de las cámaras, que es posible que un islamita visite enfermos de confesión musulmana, sobre todo, si éstos no ven ningún inconveniente. Nos separamos hacia las 17 horas. Karim estaba invitado a cenar con la familia de un islamita cuyo nombre no me diría.

Las ramificaciones
en el extranjero

Viernes 29 de noviembre de 2002. Tengo cita con Karim a las 15 horas a la altura de la estación Couronnes, en el barrio de Belleville, cerca de la mezquita Abu-Bakr. El día anterior, habíamos decidido vernos con otros "hermanos" que, según él, querían encontrarse conmigo. En la mañana, fui a France 2 para preparar este encuentro. Karim me había prevenido de que estaría "acompañado por alguien cuyo nombre había hecho público la prensa". No quería decirme más por teléfono. ¿Quién era ese "alguien"? Esa pregunta me taladraba la mente. ¿Quién podía ser? ¿Omar Saïki? ¿Una persona que me conocía? Éste era mi temor principal: encontrarme cara a cara con un islamita que me conociera. Si antes de cada encuentro estaba estresado, ese día estaba realmente inquieto. Mi angustia se había acentuado después del encuentro con Lyes Laribi frente a la mezquita de la calle Myrha. No obstante, trataba de controlarme y de mantener mi sangre fría. Construía escenarios catastróficos e imaginaba las escenas.

Después de prepararme y de haber colocado como de costumbre mi cámara oculta, acudí a la cita en compañía del equipo de France 2. A las 15 horas en punto, estábamos en el barrio de Belleville. Karim nos esperaba. Efectivamente estaba acompañado por otro "hermano", un hombre como de cuarenta años, con barba hirsuta, sonriente. Sus lentes le daban la apariencia de una persona "sabia". En parte estaba tranquilizado por la sonrisa del "hermano", por la forma franca en que me estrechó la mano. Su rostro me era desconocido. ¿Era recíproco? ¡Sí!

Muy rápido, Karim hizo las presentaciones. Nuestro nuevo interlocutor se llama Khamis Ali Majeri. Es un tunecino que oficia como imán en la mezquita de la calle Myrha. Enseguida, evocó sus "problemas" con la policía y algunos medios, sobre todo *Le Parisien* que, según él, lo había difamado. Frente al equipo de France 2, respondió furtivamente a mis preguntas. Era visible que a nuestro "hermano" no le gustaban las cámaras. Cuando quisimos abordar con él los temas relacionados con el terrorismo y con los atentados del 11 de septiembre de 2001, Khamis eligió la evasión. Me dijo, en privado, que no deseaba evocar esos temas con no musulmanes. Khamis pertenece a una corriente disidente de Nahda, partido islamita tunecino dirigido por el muy controvertido Rached Ghanouchi, actualmente refugiado en Londres. Me dijo que a partir de entonces estaba cerca de Kerkar, otra figura del islamismo tunecino, refugiado en Francia, actualmente asignado a la residencia en Digne-les-Bains.

La policía francesa había interrogado a Khamis en razón de un sermón que había difundido y en el cual legitimaba de alguna forma el terrorismo, ligándolo a la religión musulmana. Además, no dudaba en afirmar a voz en cuello que el "terrorismo es un término sagrado en el Islam". Para mí, este hombre es tan peligroso como los que ponen las bombas. Es de esos individuos que, a mediante una interpretación errónea del texto sagrado, manipulan las mentes de los jóvenes con la única meta de enviarlos a la muerte y de provocar la muerte de inocentes a través de ellos. Luego de una corta discusión con Khamis, me puse de acuerdo para estar en contacto después del Ramadán.

Durante esa jornada, debíamos grabar con Karim algunas secuencias en librerías que venden obras islamitas. Lo hicimos. Una vez con el equipo de France 2, advertí la presencia de otro barbado, un tunecino que se hace llamar Mourad y conocía a Karim. Los dos hombres discutían en privado mirándome. Yo era sin duda el tema de su conversación. Me mantuve a buena distancia con el fin de no molestarlos. Adentro de la librería, yo hojeaba diferentes obras. Había de todo. De Ibn Taimiya a Al-Qaradawi, pasando por los Otheïmine e Ibn Al-Baz o incluso los hermanos Hani y Tarek Ramadan, al igual que otros ideólogos de diferentes corrientes integristas; todo en precios accesibles para todos los bolsillos. De hecho, la "literatura" islamita, sobre todo la wahabita, se vende a precios que desafían toda competencia ya que, como es sabido, estos libros están subvencionados por las organizaciones saudís encargadas de propagar la doctrina wahabita en las cuatro esquinas del globo. Entre estos libros, figuraba en buen sitio una "obra original" que justifica a Bin Laden y a sus émulos por los atentados del 11 de septiembre de 2001. Karim, irritado, nos lanzó:

—Este tipo de libro quiere mostrar que somos incapaces de preparar esa clase de operaciones. ¡Respondimos a su autor que somos capaces de eso y de más que eso!

Hacia las 16:30 horas, habíamos terminado nuestro trabajo en la librería. Propusimos a Karim y a los otros "hermanos" ir a comer juntos en la ruptura del ayuno, prevista para las 17 horas. Invitamos a nuestros "amigos" a un restaurante atendido por un islamita argelino cercano al FIS que Karim me había presentado. Aceptaron nuestra invitación sin dudar. En realidad, fue durante esta comida cuando las cosas serias verdaderamente iban a comenzar. Karim me presentó mejor a Mourad y le hizo saber frente a mí que yo quería encontrar a Omar Saïki. El tunecino me lanzó una mirada sonriendo. Precisaría sus pensamientos con sus palabras:

—Voy a llamarlo para pedirle que se encuentre contigo *Inchallah* (si Dios quiere), pero antes debemos discutir.

Decididamente, la suerte estaba de mi lado. Mourad me explicó entonces que no había dejado de observarme y que había percibido en mí a un "hermano sincero" que defiende la causa del islamismo.

—¡Sigue así, porque lo que tú haces es también una *jihad*!

Palabras similares a las que Karim había pronunciado algunas semanas antes cuando me había pedido "ayudar a la causa 'positivando' la acción de Al-Qaeda". Yo era, a sus ojos, un propagandista del movimiento islamita. En el transcurso de la comida, Mourad iba a seguir examinándome. Me informó que había ido especialmente para verme por petición de Saïki. Debía asegurarse de que el perfil que le había dado de mí Karim no era erróneo. Tenía la confirmación de que Omar Saïki era el jefe de la red. El papel de Karim terminaba ahí. Este último estaba encargado de reclutar nuevos adeptos, de ponerlos en contacto con diferentes "hermanos" para que todos dieran su opinión y de enviarlos en seguida a Londres en donde reside toda la "materia gris" de la Internacional islámico-terrorista.

A partir de entonces podía volver a trazar el camino de un Djamel Loiseau quien, tras haber sido adoctrinado en Belleville, había empezado a frecuentar la mezquita Ali de Saint-Denis, en París, dirigida por pakistaníes, antes de estar dirigida hacia las mezquitas londinenses, última etapa antes de aterrizar en la frontera pakistano-afgana en el seno de la legión extranjera de Osama Bin Laden o en la región del Caúcaso con los "chechenos árabes". Claramente, la red con la cual yo estaba en contacto era una parte, entre otras, de los tentáculos islamitas.

Mourad estaba convencido de mi pertenencia al movimiento islamita, tanto en los planos dogmático e ideológico como en el político. Le avancé, es verdad, argumentos queridos por los integristas musulmanes. De igual modo, le cité las palabras relativas a la *jihad* que enunció Ibn Taimiya e incluso los teólogos wahabitas contemporáneos.

Al final de la comida, Mourad me informó que iba a llamar por teléfono a Saïki para organizar el encuentro. Anotó escrupulosamente mi nombre y mi número de teléfono en una pequeña agenda. Dos horas después, cuando me disponía a tomar el metro, me llamó para darme una cita al día siguiente, cerca de la mezquita Abu-Bakr en Belleville. "Tengo nuevas para ti", me dijo por teléfono sin mencionar el nombre de Saïki.

Sábado 30 de noviembre de 2002. Hacia las 11 horas dejé la sede de France 2 provisto, como de costumbre, de mi cámara oculta. Justo a mediodía el taxi me dejó en la calle Jean-Pierre-Timabaud, a algunos metros de la mezquita Abu-Bakr. Mourad no estaba ahí. Esperé viendo a mi alrededor a los comerciantes y vendedores ambulantes particularmente activos en este mes del Ramadán. Mi mente vagabundeaba por los sucesos que había vivido desde hacía algunas semanas. Pensaba de nuevo en todos los detalles. Me concentraba para ser siempre coherente en mis afirmaciones y para no hundirme en la facilidad de los encuentros, convertidos en rutina, con los "hermanos". En efecto, tenía endosada otra personalidad. Djamel Mostaghanemi no tenía nada que ver con Mohamed Sifaoui. Comprendía mejor el desastre intelectual y moral que tienen los que caen en las redes del integrismo religioso. Con mis "hermanos", me volvía como ellos. A veces peor que ellos. Sin mostrar demasiado celo, todos los días, haciendo uso de sutileza, trataba de demostrarles que estaba completamente de acuerdo con sus "tesis" asesinas. Un ejercicio peligroso, pero sobre todo cansado. Me parece importante subrayar que esta aventura me reveló hasta qué punto la hipocresía podía ser desgastante. Finalmente, no hay nada mejor que la naturalidad, la franqueza y la espontaneidad.

A las 12:30 PM, Mourad seguía sin presentarse a la cita. Como no tenía sus datos, no podía contactarlo. Me impacienté y me dirigí hacia la mezquita Omar. Mehdi, Sofiane, Karim y otros "hermanos" hacían ahí un retiro espiritual. Los islamitas realizan este retiro espiritual durante los diez últimos días del Ramadán. En ese momento, se consagran sólo a la oración y a las invocaciones. Estos retiros les permiten reunirse entre ellos y discutir las diferentes cuestiones de actualidad: religiosas, políticas o dogmáticas, pero también acciones eventuales que se van a realizar en todos los ámbitos.

Ocupaban una esquina en el sótano de ese lugar de culto dirigido por tunecinos extremistas. El imán Hammami, un tunecino que acababa de purgar una condena de cuatro años de prisión en su país de origen, había reintegrado esta mezquita. No logro comprender cómo un imán que ha tenido problemas con la justicia de su país por sus actividades islamitas puede servir en Francia sin problema alguno.

Encontré a mis "hermanos" en plena meditación religiosa. Estaban visiblemente contentos de verme. Le pregunté a Karim si no se había cruzado con Mourad. Me respondió con una negativa. Evocó mi próximo encuentro con Omar Saïki y me confirmó que este último estaba en Londres. "Está en casa de Abou Hanza", me dijo agregando: "Haré lo necesario para que te albergues con ellos en Finsbury Park". Le expliqué que prefería ir a un hotel a causa de la presencia del equipo de France 2. Era peligroso para mí pasar una noche en esta mezquita. Corría el riesgo de encontrarme cara a cara con un islamita argelino que me conociera. Además, el entorno de Abou Hamza era por mucho más peligroso que los islamitas que actúan en Francia. El imán de la mezquita de Finsbury Park es un viejo lobo del terrorismo internacional y de la clandestinidad. Este ciego, con una mano amputada, es un veterano de la primera guerra de Afganistán. Conoce de cerca el movimiento de Bin Laden y está rodeado de terroristas de todas las nacionalidades y de veteranos sobrevivientes de las trincheras afganas. Además, se sospecha que participó en la elaboración del plan de asesinato del comandante Massoud. Y también, desde el inicio de la violencia en Argelia, ha sido, junto con Abou-Qatada, uno de los apoyos más fervientes del GIA en Europa.

A las 13:20 horas, el almuecín anunció la hora de la oración del *dohr* (media jornada). Mourad seguía sin estar ahí. Después de haber hecho la oración a lado de Karim y de otros "hermanos", decidí escaparme para regresar cerca del metro Couronnes con la esperanza de encontrar a Mourad. De todas maneras, no abandonaría el barrio antes de haberlo encontrado. Saliendo de la mezquita, detuve mi cámara oculta. En mala hora. Algunos segundos más tarde, Mourad bajaba por la calle Jean-Pierre-Timbaud. Se dirigía hacia mí. Al verme, mostró cierta satisfacción. Estaba visiblemente contento de verme. Intercambiamos el *salam* (saludo). Se disculpó por el retraso precisándome que ni siquiera había hecho su oración. Enlazó directamente con el tema que nos interesaba: Omar Saïki. Como no había tenido tiempo de poner en marcha mi cámara oculta, lo interrumpí sugiriéndole ir primero a la mezquita.

Aproveché el momento en el que él hacía su oración para poner en marcha mi cámara. Algunos minutos más tarde, Mourad vino a colocarse junto a mí contra el muro del fondo de la sala de oración. "Iremos juntos a Londres la semana próxima, al día siguiente del Aïd", me dijo. Entonces, me acordé de que mi interlocutor me había informado el día anterior que tenía un pasaporte tunecino y que, por consiguiente, era necesario conseguir una visa. "¿Crees que tendrás tu visa a tiempo?", me respondió. "Utilizaré un pasaporte francés falso", me respondió. Entonces, le hice saber que eso podía ser riesgoso. "Ningún riesgo, estoy acostumbrado", me dijo tranquilo. Agregó: "No te preocupes, eso no nos ocasionará ningún problema."

Después de arreglar esta cuestión, nos lanzamos a una larga discusión. Una vasta vuelta por el movimiento islamita a lo largo y ancho del mundo. Evocamos el Islam en Túnez, en Argelia, en Francia, en Marruecos, en Afganistán, en Pakistán y me quedo corto. Mi interlocutor trataba de justificar la acción de los jóvenes franceses que han seguido la vía de la *jihad*. Me habló sobre todo de Djamel Loiseau, pero también de Brahim Yadel, detenido en Guantánamo, dos de sus antiguos discípulos. Como lo había hecho Karim algunos días antes, me precisó que su papel era incitar a los jóvenes para hacer la *jihad* contra potencias como Estados Unidos e Israel. Del mismo modo, me hizo saber que nunca lo habían detenido, "sólo convocado por la DST* para un interrogatorio".

—Después de haberme interrogado, me dijeron solamente que era un buen musulmán, —agregó.

---

* DST son las siglas de "*Direction de la surveillance du territoire*", servicio de inteligencia de la policía francesa fundado en 1934. [N. del T.]

Estaba muy orgulloso de la apreciación, que supuestamente habían hecho sobre él los policías del contraespionaje francés. Mourad se presentó gustoso como un "pacifista" que no le haría mal a una mosca. Para él, nada grave resulta de prodigar una enseñanza religiosa a jóvenes con el fin de hacer de ellos fanáticos, bombas humanas.

Después de la oración de *al asr*, nos reunimos con otros "hermanos". Karim insistió en presentarme a un argelino, Ahmed Kheïreddine. Este último, lo supe muy pronto, había sido arrestado, sospechoso de financiar células terroristas a través de sus actividades ligadas con la economía informal y la falsificación. Indirectamente, había sido ligado con la "banda de Roubaix" que había sido la comidilla en 1996, pero también con células de "combatientes de Bosnia" a quienes procuraba papeles falsos, según decía. Me dijo que estaba bajo control judicial. Entonces, pasé tres cuartos de hora con el grupo para escuchar el mayor tiempo posible a este "recién llegado". Después de haberme enterado lo suficiente de él, por lo menos para el primer contacto, le dejé mi número de teléfono antes de despedirme. Quería irme. Mi cámara oculta se calentaba y me molestaba enormemente pues, obligado a permanecer en el piso dentro de la sala de oración, el aparato se había movido y formaba un "paquete" extraño bajo mi pantalón, justo sobre la bragueta. Esta vez, estaba verdaderamente molesto. Era necesario que me levantara. Para no correr riesgos inútiles, decidí cerrar mi gabardina a pesar del calor asfixiante que reinaba en el sótano de la mezquita, calor que acentuaba mi molestia. Sentía vértigo, un horrible dolor de cabeza y una terrible sensación de malestar. Mehdi, Sofiane, Karim y los demás me seguían hablando, pero yo ya no entendía nada. Ya no escuchaba. Ahora, la cámara oculta era visible bajo el pantalón. Formaba "una enorme bolsa" que me iba a traicionar. Presentía la catástrofe. Pensé en mi mujer, en mis hijos, en mi familia, en mis amigos, pero también en las miles de víctimas del terrorismo islamita; en los ciudadanos decapitados en Argelia, en las víctimas de los atentados parisinos, en las del 11 de septiembre de 2002. Maldije mi inconciencia que me había empujado a hacer este oficio de chiflado, esta investigación de locos. Mehdi lanzó una ocurrencia, dirigiendo hacia mí su gruesa mano de gigante. Me encontré sacando una risa loca. Reía porque los demás reían, sin saber por qué. Una ocurrencia, salida de la boca de un islamita acababa de salvar mi investigación y probablemente mi vida. Hice una broma lanzándoles: "Dejemos de bromear, no olvidemos las oraciones y las invocaciones, estamos en una mezquita." Al mismo tiempo que hablaba, me levanté teniendo cuidado de esconder mi cámara que ahora se deslizaba a lo largo de mi pie izquierdo. Esta evasión la viví como una bocanada de oxígeno que me devolvía la vida cuando agonizaba. Después de haberles estrechado la mano, me dirigí hacia la salida, acompañado de Mourad y de Ahmed Kheïreddine. Inmediatamente fui a los sanitarios, no para atender una necesidad natural, sino para volver a colocar la cámara oculta en su sitio. Estaba a salvo, finalmente... por esta vez.

Quizá la suerte me concedía una prórroga después de haberme dirigido una advertencia.

Habíamos entrado en la última semana del Ramadán. Karim tenía una preocupación mayor: la búsqueda de la *zakat** del Aïd. Habitualmente, me dijo, realizaba esta búsqueda a la altura de la mezquita de

---

* *Zakat* del Aïd o *zakat* El Fitr: limosna obligatoria que cada musulmán está obligado a hacer al final del Ramadán. Las instancias religiosas la fijan cada año. En 2002, se elevaba a cinco euros por persona.

Omar. Este año se había puesto de acuerdo con el imán Hammami para que éste le diera un porcentaje sobre la *zakat* recogida por la mezquita. Karim le había explicado al imán que ese dinero serviría para financiar a los detenidos islamitas. El imán de la mezquita Omar, según Karim, habría aceptado por las buenas o por las malas. Mi interlocutor me dijo entonces que, para reunir un máximo de dinero, contaba con ir el mismo día del Aïd para hacer una búsqueda en la entrada de la mezquita Daawa, situada en la calle de Tánger en el distrito 19. Para comprender mejor el tipo de relaciones que sostenía con el imán Hammami, decidí molestar a Karim:

—¿Estás seguro de que va a mantener su palabra?

—Le interesa. Todavía no me conoce.

—¿Qué podrías hacerle si decide no darte un porcentaje del producto de la *zakat*?

—Ya verás...

Karim se mostró de pronto amenazante. Revelaba su verdadero rostro cada vez que un evento o una simple suposición lo contrariaba. Su sonrisa entonces daba lugar a un aire de gravedad y maldad. Visiblemente, el hecho de que no controlara la situación en esta mezquita lo exasperaba. Me daba cuenta de que tenía un brazo de hierro invisible entre él y los otros "hermanos" por un lado, y el imán Hammami y su entorno en el otro. Además, este brazo de hierro estaba perfectamente bien ilustrado durante esos últimos días del Ramadán. Los dirigentes oficiales sostenían un discurso "moderado" en el piso de la mezquita, mientras que Karim y los demás "hermanos" que ocupaban el subsuelo durante su retiro espiritual hablaban de política y de *jihad* usando un discurso radical y francamente belicista, incluso respecto al Estado francés. Lo curioso era que el imán Hammami no dijera nada. Estaba descontento, eso se veía, pero no decía nada. Mostraba una especie de temor a los locatarios del subsuelo. Me contaron que bajaría a verlos para pedirles poner atención a sus palabras: "La mezquita está vigilada por la policía, quieren que me metan a la cárcel o qué?"

Los días siguientes, iba a ver a los "hermanos" cada tarde en la mezquita Omar. Me quedaba durante tres o cuatro horas con el fin de tomar la temperatura y sacar nuevas informaciones. Preparaba sobre todo mi viaje a Londres. Estaba previsto para el sábado siguiente, pero con los islamitas nada es seguro. Sobresalen en el arte de cambiar el curso de las cosas. Mourad me confirmaba cada día nuestra partida. Se aferraba a la idea de acompañarme. Yo no lograba comprender por qué tomaba el riesgo de viajar con un pasaporte falso, sólo para llevarme hasta Saïki. Este asunto comenzaba a intrigarme.

Miércoles 4 de diciembre de 2002. El Aïd estaba previsto para el 5 o el 6 de diciembre. Íbamos a saberlo este miércoles. Decidí pasar el día con mis "hermanos" en la mezquita. Karim estaba determinado a ir, el día del Aïd, frente a la mezquita de la calle Tánger para hacer su colecta de dinero. Había pedido a Mehdi que lo acompañara. Entonces, les indiqué que deseaba ir con el equipo de France 2 para grabar. Los dos "hermanos" no vieron ningún inconveniente. Para preparar esa jornada, Karim decidió ir a comprar un *kamis** para Mehdi, "así tendrás la apariencia de un buen musulmán", le dijo. Mehdi, es necesario precisarlo, está completamente bajo la autoridad de Karim. A pesar de su 1.95 de altura y sus 142 kilos, este gigante convertido al islamismo se

---

* *Kamis*: camisa larga llevada por los islamitas. Esta prenda es específicamente de los países del Golfo Pérsico y de Arabia Saudita.

borra por completo ante Karim, su mentor. La relación entre los dos "hermanos" es casi anecdótica. El primero, grande y corpulento, sometido al carisma del segundo, pequeño y rechoncho. Karim tiene triunfos que Mehdi no tiene. Conoce la ideología y el dogma islamita mejor que el convertido. Además, este último sufre de un cierto complejo a causa de esta minusvalía, complejo al cual trata de sobreponerse afirmándose gracias a sus capacidades físicas que le permitirían "matar a los infieles con (sus) propias manos".

Al final de la jornada, supimos que el Aïd estaba previsto para el día siguiente. Todos los "hermanos" salieron entonces de su retiro espiritual para prepararse. Karim se atareó en llamar a todos los que conocía para que le llevaran la *zakat* lo más rápido posible. Regresé a mi casa para pasar la tarde en familia, después de haber dado cita a Karim para el día siguiente a las 5 de la mañana, a la hora de la oración de *sobh*. Debíamos encontrarnos en la mezquita Omar para ir enseguida a la de la calle de Tánger.

Jueves 5 de diciembre de 2002. Día de fiesta en la comunidad musulmana. Jornada ordinaria para mí. Desde hace cerca de tres meses, he descuidado por completo mi vida de familia. El Aïd es para los musulmanes lo que la Navidad es para los cristianos y el Kippour para los judíos. Por costumbre, paso este día con mi mujer y mis hijos. Este año, estoy obligado a romper la regla. El ritmo de mis jornadas está dado por las de mis "hermanos". Todavía me falta pasar algunas semanas en este mundo de locos. De ese modo, en esa mañana del Aïd, dejé mis estados de ánimo de lado.

Había decidido asombrar a los "hermanos". Estos últimos nunca me habían visto en traje tradicional, muy apreciado por los integristas.

Elegí un traje afgano, atavío que compré en un mercado de Peshawar como recuerdo de mi paso por Pakistán y Afganistán. Con mi barba ahora hirsuta y mis ropas, las personas me escrutaban con inquietud esa mañana. No me equivoqué. Cuando Karim me vio vestido de esa forma, mostró una gran satisfacción. Estaba "muy orgulloso" de mí. Incluso me pidió que me vistiera así más seguido. A decir verdad, no se sentía contento de verme en jeans, pulóver y parka. Quería que yo "marcara mi diferencia". Sin embargo, mostraba indulgencia:

—Tú, tú trabajas, no puedes vestirte siempre como los musulmanes.

Karim estuvo feliz cuando le conté mis estancias en Pakistán. Según él, es en esta región donde se encuentran "los verdaderos musulmanes y los *moudjahidin*". Él nunca ha pisado ese lugar, pero el hecho de que alguien hable de ahí lo hace viajar en un mundo que admira. Me preguntaba seguido sobre los islamitas pakistaníes y los "combatientes" que había encontrado ahí. Yo no tenía ningún inconveniente en responder sus preguntas, ya que conocía bastante bien a los islamitas pakistaníes. Con ellos me había hecho pasar por un "hermano". Le citaba, sin dificultad alguna, los nombres de escuelas coránicas que había visitado y los nombres de los responsables islamitas que había encontrado. Esta historia me confirió una credibilidad suplementaria.

Después de haber realizado la oración del *sobh* en la mezquita Omar, nos dirigimos inmediatamente hacia la calle de Tánger. Karim y Mehdi debían comenzar su "trabajo". Ni la lluvia ni el frío iban a desanimarlos. Cuando llegaron a la proximidad de la mezquita Daawa, los dos "hermanos" tomaron su lugar en la acera, con un cartón en la mano sobre el cual estaba escrito: "zakat = 5 euros". Los fieles no se hicieron del rogar. Apenas se habían instalado, cuando varias personas ya habían deslizado algunas monedas, algunos billetes, unas veces en la caja que tenía Karim, unas veces en la que tenía Mehdi. En esto percibía yo toda la ingenuidad de los musulmanes honestos. Estos fieles no saben que los dos "hermanos" financian a terroristas e incluso al terrorismo. Es la razón por la cual es necesario que, en el futuro, la colecta del dinero esté escrupulosamente reglamentada y rigurosamente controlada primero por las autoridades, pero también por la misma comunidad musulmana.

Después de una hora y media de colecta, Mehdi vino a verme y me dio una bolsa de plástico llena de billetes y monedas. Me pidió que la escondiera en el auto. Este gesto me confirmaba toda la confianza que mis "hermanos" tenían ahora en mí. Llamé a mis colegas de France 2 para pedirles que me grabaran contando el dinero adentro del vehículo, lo cual hicimos discretamente. Resultado: 1 000 euros colectados por Mehdi en apenas dos horas. Más tarde supe que la colecta había dado a los dos "hermanos" un poco más de 3 000 euros en menos de tres horas. Después de la oración del Aïd, Karim, Mehdi y yo fuimos a tomar el desayuno del Aïd en Barbès. En el camino, Mehdi recibió una llamada en su celular. Se alejó mientras yo discutía con Karim para saber cómo iba a repartir el dinero. Este último me hizo saber que esa suma se iba a dividir en tres partes:

—Una parte para los prisioneros, una parte para mí y Mehdi y una tercera para la causa.

Quienes recolectaban el dinero tenían entonces, según Karim, el derecho de beneficiarse. Sin embargo, no me precisó quién se beneficiaba del dinero destinado a la "causa". Esta última parte debía financiar la compra de armas, de municiones y todo lo que concierne a la *jihad*. Más tarde me enteré de que enviaba una parte del dinero recaudado en Francia a un corresponsal en el extranjero. ¿En dónde exactamente? Yo no lo sabría nunca.

Mehdi seguía en su conversación telefónica. Yo estaba intrigado. Habitualmente, hablaba fuerte. Sin embargo, en ese momento, casi susurraba. Por fin terminó su discusión, miró a Karim y le lanzó en voz baja:

—Es Ammar...

—¿Qué Ammar?

—¡Ammar! Nuestro hermano del GSPC. Me preguntó si podemos pasar a verlo.

Yo caminé, pretendiendo no haber notado ni escuchado nada. Los dos "hermanos" cambiaron de tema inmediatamente. Algunos minutos más tarde, me dijeron que debían "ir a encontrarse con familiares". Todavía no querían asociarme con los temas "sensibles". ¡Normal! Yo no había pasado aún mis exámenes.

Cuando llegamos al café, Karim sacó de su bolsillo cartas que le habían enviado "hermanos" encarcelados para agradecerle su generosidad. No escatimaba elogios hacia ellos. "Entre un pobre y un combatiente, yo siempre escogería ayudar al combatiente", se complacía en repetirme. Me levanté para pagar la cuenta, pero Karim me lo impidió. "Voy a pagar con el dinero de la colecta. Tengo derecho", me dijo sacando un billete de 20 euros de la bolsa de plástico bajo la mirada incrédula del comerciante que había seguido el asunto. Era el momento de separarnos. Mis "hermanos", yo había entendido, tenían un impedimento. Me escabullí para no dar la impresión de ser demasiado curioso. Nos dimos cita para el día siguiente en Belleville. De todas formas, yo estaba obligado a presentarme ahí para encontrar a Mourad para acabar de arreglar nuestro viaje a Londres.

Viernes 6 de diciembre de 2002. Segundo día del Aïd. En el barrio de Belleville, los comercios musulmanes han reabierto tras la primera jornada de fiesta. Este barrio esta dominado por los islamitas desde hace varios años. Uno lo constata sobre todo en ocasiones como éstas. Karim y otros "hermanos" llamaban irónicamente a estos vecindarios los "territorios libres" o aun los "Estados islámicos". Han logrado de alguna manera instaurar "minirepúblicas islámicas" en plena república laica.

Apenas había llegado, cuando barbados que no conocía se me acercaron para desearme un "buen Aïd". Ya me había convertido en una presencia frecuente. Los "hermanos", todos los "hermanos" me saludaban ahora en la calle. No podía impedirme pensar en el largo camino que había recorrido en tres meses en el seno del movimiento islamita.

Hacia las 14 horas, encontré a Mourad y a su primo Mohamed en la calle Jean-Pierre Timbaud. Nos deseamos un "feliz Aïd" y nos apresurábamos a ir al café cuando vimos a Karim acompañado de otro "hermano" que yo no conocía. Este último se quedó algunos segundos con nosotros antes de marcharse. No quería molestarnos. Sabía que íbamos a hablar de nuestro viaje a Londres. Los activistas musulmanes tienen una especie de pudor. No se meten en lo que no les concierne directamente. Las relaciones son escondidas, codificadas. En nuestro caso, el lazo entre Saïki y yo debía ser Mourad. Karim entonces no tenía por qué meterse. Mohamed, el primo de Mourad, también nos dejó a solas. Esta manera de actuar permitía también a los islamitas limitar las huidas y asegurar una cierta discreción en sus actividades.

Hasta que estuvimos solos Mourad mencionó nuestro desplazamiento a Londres. Tal como había anticipado, todo lo que habíamos convenido había cambiado. Peor, todo estaba cancelado.

—¿Por qué? —le dije, sorprendido por este cambio repentino.

—No sé. Imad* me llamó ayer para informarme que había cambiado de opinión.

—No es grave, Mourad. Recuérdale y dile que de todas formas estaré en Londres durante el fin de semana.

Después de haber bebido un café, Mourad me pidió que lo siguiera a una cabina telefónica. "Vamos a llamar a Imad." No era una mala idea. Esta comunicación telefónica iba a permitirme tener el primer contacto con el personaje que quería encontrar.

Mientras Mourad llamaba a Saïki, puse atención en memorizar el número que había marcado: 00 44 79 40 79. Lo copié rápidamente sobre un pedazo de papel sin que Mourad se diera cuenta. El número marcado era el de un teléfono celular en Gran Bretaña. Mourad comenzó a hablar con su interlocutor dándole parte de mi sorpresa luego de la anulación del encuentro. Después de algunos minutos, me pidió que hablara con él. Tomé el auricular y comencé mi discurso. Mi interlocutor me respondió fríamente. Era desconfiado, muy desconfiado. Me confirmó que, al principio, había aceptado verme "únicamente porque los hermanos de París habían dado su garantía".

Ahora que lo tenía en la línea, no iba a dejarlo hasta la obtención de una cita. Saïki terminó por ceder, precisando, sin embargo, que no toleraría la presencia de una cámara, de mujeres o de periodistas no musulmanes. Le precisé que trabajaba con un equipo que debía ir conmigo a Londres por otras razones y que sería desconsiderado de mi parte dejarlos esperando en algún lugar durante nuestro encuentro. "Corren el riesgo de hacerse preguntas", le lancé en un tono ofen-

---

* Imad es el pseudónimo de Omar Saïki.

sivo agregando "mostrémosles, hermano, que no tenemos nada que esconder". Visiblemente convencido por mis argumentos, Saïki aceptó la presencia de mis colegas con la condición de que ninguno de ellos le dirigiera la palabra. El hecho de que lo hubieran despojado de la nacionalidad francesa lo volvía muy negativo, incluso agresivo, con todo lo que viniera de Francia. Las palabras que me dijo por teléfono me informaron sobre el grado de odio que profesaba ahora a Francia. Antes de colgar, le dejé mi número de teléfono para que, en el peor de los casos, pudiéramos tener un contacto directo sin tener que pasar por Mourad. En cuanto a este último, Saïki me había precisado que deseaba su presencia en nuestra cita. Eso me molestaba. Mourad podía muy bien, en el momento de los controles, darse cuenta de que mi nombre no era Djamel Mostaghanemi. De todas formas, no tenía opción. Estaba obligado a pasar por esta nueva prueba para mis nervios. "Nos veremos el próximo domingo", me preciso Saïki, pretextando un impedimento para el sábado. Al final de la conversación, una última vez traté de disuadir a Mourad de acompañarnos.

—¿Vendrás con nosotros?

—¡Sí! Ya lo has visto, Imad quiere que yo esté presente.

—¿No te da miedo viajar con un pasaporte falso?

—No te preocupes, Djamel, ése es mi problema. Estoy acostumbrado.

Mourad mostraba una seguridad a prueba de todo. Quería estar de viaje y "de todas maneras", me decía, "si lo arrestaban, era su problema". Lo dejé dándole cita para el domingo siguiente.

Sábado 7 de diciembre de 2002. A mitad de la tarde, decidí dar una vuelta por Belleville. No podía evitar pensar en mi viaje del día siguiente. Mi principal temor era encontrar a Saïki con islamitas que me conocieran. Había tomado la decisión de no verlo en los barrios de las mezquitas londinenses, sino en el centro de Londres. En caso de problema, mi margen de maniobra sería de este modo mucho más amplio. De hecho, Saïki se alojaba en Finsbury Park, la mezquita de Abou Hamza. Este último siempre está rodeado por criminales del peor tipo. No quería pasearme con una cámara oculta en las mezquitas de Londres. El registro corporal es frecuente desde que los islamitas locales cayeron en la trampa de periodistas británicos que trabajaban para la BBC.

En Ménilmontant me encontré a Karim. Curiosamente, aunque sabía que yo debía encontrarme al día siguiente con el jefe de la red desmantelada en 1998, no me hizo ninguna pregunta. Sobre todo, quería tener mi opinión sobre un audiocasete que me había dado el día anterior y en el cual estaban grabados sermones de "*moudjahidines* árabes" en Afganistán. El casete retomaba la propaganda habitual de los integristas. Era cuestión de *jihad*, de muerte, de paraíso, etc. Así es como abordamos los eventuales ataques terroristas en los países europeos.

—Debemos pasar a la acción, —me lanzó Karim.

—¿Pasar a la acción? ¿Tenemos el derecho de hacerlo?

—¡Por supuesto! El jeque (Osama Bin Laden) nos ha dado la orden.

—¿Cómo? ¿Tú estás en contacto con Bin Laden?

—(Risas...) No, no estoy en contacto con él, pero en el útlimo casete de él difundido por Al-Jazira, nos pide pasar a la acción.

Y en ese punto, Karim se puso a explicar, incluso a descifrar, el último mensaje de Osama Bin Laden. Según él, este tipo de grabaciones, además de permitir "reivindicar atentados o mostrar que sigue con vida", sirven también para pasar "mensajes a las células que se reconocen en el combate de Al-Qaeda". De ese modo, según Karim Bourti, Osama Bin Laden, en su última grabación, había pedido a las diferentes células terroristas que actúan en el continente europeo y americano que pasaran a la acción en los países que él había citado, es decir, Canadá, Francia, Alemania, Gran Bretaña e Italia. Esta información me dio vértigo. Karim, a todas luces, estaba descifrándome un mensaje semicodificado de Osama Bin Laden. Mi interlocutor no se detuvo ahí y se explayó citando ejemplos concretos. "¿No has oído hablar de todos los atentados que se han desbaratado desde este mensaje? En Inglaterra, en Italia y en otros lugares, se han preparado atentados, pero Alá no ha querido concretarlo." Karim, con una sonrisa socarrona, me dijo a manera de conclusión: "No te preocupes, Djamel, no pierden nada con esperar." Para mi "hermano", no cabía ninguna duda: "Francia tarde o temprano sería el blanco de un atentado." A través de sus palabras, Karim deseaba meterme presión para empujarme a participar activamente en todo acto que se preparara. Además, me había preguntado varias veces si yo tenía acceso a sitios sensibles con mi credencial de la prensa. Cuando le respondí con una afirmación, mostró una viva satisfacción lanzándome un "está bien". Llegaría hasta sugerirme que le consiguiera credenciales de la prensa vírgenes para que los "hermanos" las falsificaran. Este interés por las credenciales profesionales me recordaba el atentado que había costado la vida al comandante Massoud. Este último fue víctima de falsos periodistas que habían colocado minas en su cámara para hacerla explotar una vez que estuvieron frente al jefe de guerra afgano. Cada día me daba su parte de información sobre la verdadera misión de Karim y de los demás "hermanos". Si por el momento no eran "operacionales" en el sentido propio del término, lograban un importante trabajo logístico; por tanto, yo estaba convencido de que si un atentado apuntaba a Francia, algunos de entre ellos participarían de una u otra forma.

Después de haber pasado más de dos horas con Karim, regresé a mi domicilio. Al llegar a mi casa, me detuve en un restaurante para tomar una copa con un amigo, con objeto de relajarme un poco. Muy pocas personas de mi alrededor sabían lo que estaba haciendo. Me había sincerado con algunos amigos íntimos y algunos colegas. El amigo con el que tenía cita estaba al corriente y nuestras discusiones me permitían vaciar mi bolsa, liberarme un poco del fardo que pesaba sobre mis hombros y tener también una mirada exterior sobre la situación que estaba viviendo. Pasar tres meses con islamitas es incontestablemente un ejercicio para poner a prueba los nervios. Me encontraba en compañía de criminales que no dudaban, en mi presencia, en aplaudir el asesinato de compañeros argelinos u otros militantes de partidos políticos.

A veces, me citaban los nombres de víctimas del terrorismo islamita que yo conocía personalmente, lo cual me ponía siempre en un extremo estado de angustia. Debía aprobar yo también la muerte de esos "infieles, aliados del tirano".

Cuando estaba refiriendo a mi amigo mis estados de ánimo, sonó mi teléfono. Respondí tomando la precaución de alejarme de la música que invadía el restaurante esa tarde de sábado.

Esta precaución era necesaria, ya que los islamitas se oponen terminantemente a frecuentar restaurantes en donde se sirve alcohol y se difunde música. Hice bien en alejarme: era Saïki. Me llamaba para decirme que no estaría solo en la cita y que su decisión era irrevocable en lo que respecta a una eventual entrevista frente a una cámara. Me dijo que estaría acompañado por Qamreddine Kherbane y Abdellah

Anès alias Boudjemaa Bounoua, dos puentes del terrorismo internacional. Saïki me llevaba a una escena con los terroristas más célebres a los cuales, en mi libro anterior*, les había consagrado largas páginas. Ironía de la suerte: entonces iba a encontrarme frente a dos terroristas cuya carrera conocía a la perfección. Era excepcional.

Qamreddine Kherbane es un viejo piloto del ejército argelino. Había dejado el ejército para unirse al movimiento islamita internacional. Se fue a Afganistán durante los años ochenta para efectuar ahí "la *jihad* contra el ejército soviético". Fue ahí donde se encontraría con todos los jefes terroristas del islamismo internacional. A partir de entonces sería uno de los fundadores de grupos armados en Argelia, antes de instalarse en Francia a comienzo de los años noventa. Abdellah Anès es también un viejo "afgano". Fue uno de los colaboradores más cercanos de Abdellah Azzem, el islamita palestino que dirigió *Makteb, El Khamadamat*, la oficina de los servicios, encargada en Peshawar de reclutar a los *moudjahidines* árabes. Anès logró ganar la confianza de Azzem al punto de que este último lo casó con su hija e hizo de él el segundo a bordo. En esa época, Abdellah Anès era, por mucho, más importante que Osama Bin Laden en la jerarquía islámico-terrorista. Fue entre Pakistán y Afganistán que conoció a Kherbane con quien participaría, al igual que con otros terroristas, en la creación de los primeros grupos armados en Argelia. Como Kherbane, se exilió en Francia al día siguiente del paro del proceso electoral en Argelia, para ocuparse sobre todo de la propa-

---

* *La France malade de l'islamisme. Menaces terroristes sur l'Hexagone*, (*Francia enferma por el islamismo. Amenazas terroristas al Hexágono*). Le cherche midi, 2002.

ganda integrista y del financiamiento de las guerrillas islamitas, al igual que del encauzamiento de las armas y de las municiones y de la construcción de las redes terroristas sobre el suelo europeo. Kherbane y Anès fueron expulsados por las autoridades francesas en 1992 a Pakistán. Los dos hombres forman parte hoy en día de esas redes de viejos "afganos" que ruedan por Al-Qaeda. Es decir, que al día siguiente pasaría a una nueva etapa. No tenía cita con payasos, sino con jefes terroristas. Nada que ver con los Karim, Mehdi y consortes. Pasaba a una etapa superior.

Domingo 8 de diciembre de 2002. El tren estaba previsto para las 8 de la mañana. Debíamos, Mourad y yo, encontrarnos hacia las 7:30 horas en la estación del Norte, en donde nos veríamos con el equipo de France 2. A las 7 de la mañana, yo ya estaba sorbiendo un café enfrente de la entrada de la estación. Había pasado una noche agitada. No habia podido evitar pensar en lo que me esperaba ese domingo. Hacia las 7:30 horas, el equipo de France 2 ya estaba ahí pero no había ninguna señal de Mourad. En consecuencia, decidí llamar a Mohamed, su primo. Este último me hizo saber que Mourad se preparaba para salir. Finalmente, perdimos el tren.

Tomamos el siguiente, el de las 9. Por miedo a que las personas que iba a encontrar en Londres me reconocieran, me había vestido de manera que no me pareciera al Mohamed Sifaoui habitual. En traje sport negro, me había puesto un gorro y la capucha de la sudadera. La barba que llevaba y esta vestimenta me daban la apariencia, por lo menos, de un delincuente. Mourad se había puesto un traje saudí. Por tanto, es natural que hayamos atraído uno y otro la atención de los policías encargados de hacer el control fronterizo. Era claro que estábamos sometidos a un control en el rostro. Nuestros pasaportes fueron cuidadosamente examinados antes de sernos devueltos. Si el pasaporte de Mourad era falso como decía, los policías no se habían dado cuenta de nada. Una vez que se efectuó el control, le hice la pregunta: "No, Djamel, es uno verdadero, no te preocupes", me lanzó con indiferencia. Entonces entendí que en realidad me había probado para ver si yo no era un delator. De hecho, si yo hubiera alertado a la policía, como el pasaporte era auténtico, inmediatamente habría concluido que yo los traicionaba. Este otro detalle llevó a mis "hermanos" a tenerme aún más confianza. De esta manera, me hacía pasar pruebas de vez en cuando para asegurarse de mis intenciones reales.

En el interior del Eurostar, Mourad me hizo partícipe de su indignación respecto a este tipo de control: "Son ellos quienes empujan a la gente a cometer atentados sospechando así de todos los musulmanes". La posición de Mourad era un poco distinta de la de los demás "hermanos". Él estaba en contra de todo acto terrorista contra Francia. ¿Era prudencia de su parte o eran sus convicciones reales? Probablemente no lo sabré nunca. Mourad estaba a favor de la *daawa*, la propagación del Islam en Francia, en otros términos, el adoctrinamiento de los jóvenes. Este wahabita me explicó que por "razones estratégicas" no había que abrir varios frentes al mismo tiempo. "La prioridad", repetía, "es la guerra que hay que hacer contra los estadounidenses, los rusos y los judíos."

Hacia las 12:30 llegamos a la estación Waterloo en Londres. La policía británica, en pie de guerra desde el atentado fallido contra el metro londinense, nos hizo pasar por un control de los más rigurosos. Otro control al rostro. El pasaporte de Mourad y el mío fueron examinados por tres oficiales. El último los recuperó y se encerró en una oficina para quedarse ahí como un cuarto de hora. Esta espera hizo decir a Mourad que "a los occidentales les falta inteligencia".

"Todavía no han comprendido", me dijo, "que el día en que los hermanos vengan a cometer un atentado, no traerán ni barba ni *djellaba*". Por último, el policía británico regresó hacia nosotros, con nuestros pasaportes en la mano y con esa flema de más allá de la Mancha nos lanzó un "*Thank you, Sir*".

Habíamos rentado un auto y luego tratamos de contactar a Omar Saïki por teléfono. Después de muchos intentos, logramos tenerlo en la línea. Se hizo una cita en Edgware Road, un barrio popular al oeste de Londres, frecuentado casi exclusivamente por los miembros de la comunidad musulmana. Hacia las 13:30 horas, llegamos al boulevard que nos había indicado. Después de que esperamos a nuestro "hermano" como un cuarto de hora, llegó. Saludó calurosamente a Mourad y me reservó un recibimiento de los más fríos. Vestido con unos jeans y un saco largo de invierno, este hombre de treinta y tres años llevaba una barba bien cortada. Su 1.90 le confería una cierta presencia. Pegado a su teléfono celular, se mantenía distante. Estaba acompañado por otro barbado de mucha más edad. Este último llevaba una mochila en la espalda y observaba de lejos este primer contacto. Era su guardaespaldas. Terminé por conocerlo: era Rachid Dlimi, uno de esos antiguos militantes del FIS que, en 1994, habían sido detenidos en el cuartel de Folembrey antes de que los pusieran en residencia vigilada en Burkina Faso. Dlimi, desde hace varios años, estaba refugiado en Gran Bretaña.

Después de haber discutido largamente por teléfono, Saïki regresó a nosotros espetando:

—¿Quién es Djamel?

—Soy yo, —le respondí

—Está bien —dijo moviendo la cabeza.

Saïki era uno de esos jóvenes pretenciosos que, después de haber pasado por la delincuencia menor, encontraron refugio en el islamismo y en la actividad terrorista que les daba esa estima que habían perdido. Saïki no tiene grandes "servicios" en el movimiento islamita. Del granuja sin envergadura que era al llegar a Francia, terminó como jefe de una red terrorista en 1998. Casado con una francesa de origen argelino, que vivía en el barrio de Muraux, en la región parisina, obtuvo la nacionalidad francesa antes de que se la quitaran en septiembre de 2002. Este recorrido sin envergadura lo empujó a actuar con mucho celo cuando se encuentra con sus hijos, quienes, de alguna forma, probaron todo. Lo constataría cuando lo observé evolucionar algunos minutos más tarde, en presencia de Abdellah Anès. En efecto, como estaba previsto, este último llegó a la cita, contrariamente a Qamreddine Kherbane que canceló.

Nos instalamos en un restaurante musulmán. Los "hermanos" que se habían negado a responder a las preguntas frente a una cámara ignoraban que los estaba grabando con ayuda de una cámara oculta. En consecuencia, estaban bastante naturales. Comencé por el por qué de mi visita. Les expliqué que estaba realizando un reportaje con el fin de mostrar las injusticias de las cuales son víctimas nuestros "hermanos" en todo el mundo. Anès me pidió que hablara exclusivamente en árabe, mostrando un total desprecio por mis colegas de France 2. "Es a ti a quien vine a ver, ellos no me interesan", me dijo. No tenía ninguna confianza en la prensa francesa. Intenté convencerlo de que la mayoría de los medios hacían su trabajo de una manera objetiva. Allí, Saïki partió a largas digresiones para criticar a Francia, sus sistema judicial, sus medios, sus políticos y policías. Se empeñaba en hacerse el duro frente a Anès. Quizá quería demostrarle que era inteligente. Yo, con placer, seguí desempeñando mi papel de imbécil.

Omar Saïki terminó sus "análisis" con amenazas sutiles dirigiendo a mis colegas una sonrisa carnicera.

—Hay seis millones de musulmanes en Francia. La mayoría no esta integrada. Hay que ser tres para cometer un atentado.

Después de dos horas de discusión, Abdellah Anès me dio sus datos telefónicos diciéndome: "Eres un buen hermano, regresa a verme solo, la próxima vez. Podemos hacer muchas cosas juntos. No olvides que todas las cabezas están aquí, en Londres."

Se despidió vivamente de mí y se alejó. Viendo la actitud que Anès adoptó, Saïki cambio la suya hacia mí. "Señor Djamel" se había convertido en "mi hermano Djamel". Acababa de lograr otro punto.

Hacia las 16 horas, Mourad, Rachid Dlimi, Omar Saïki y yo nos separamos del equipo de France 2 para ir a la mezquita de Baker Street con el fin de hacer ahí la oración del Maghreb (la puesta de sol). En el camino, Saïki me confirmó que vivía en un cuarto situado dentro de la mezquita de Finsbury Park, dirigida por Abou Hamza. Este último incluso le había ofrecido un trabajo. Desde su llegada a Londres, Saïki se encarga de la librería de la mezquita.

En la mezquita de Baker Street, iba a cruzarme con decenas de islamitas del mundo entero. Había pakistaníes, egipcios, yemenitas, saudís, argelinos. Incluso vi a dos miembros del GIA cuyo nombre no lograba recordar. Uno de ellos incluso me saludó, tomándome seguramente por otra persona. Incluso, percibí de lejos a un islamita originario del mismo barrio que yo. Afortunadamente, a esa distancia y con mi vestimenta, no corría el riesgo de que me reconociera. Al final de la oración, retomamos nuestra conversación. Saïki imitó la actitud de su "jeque" Abdellah Anès pidiéndome que volviera a verlo solo sin los "otros, los infieles". Le prometí que lo haría en las semanas siguientes.

Contábamos con tomar nuestro tren de regreso a las 21 horas. Después de haber salido de la mezquita de Baker Street, pedí a mis "hermanos" que nos reuniéramos con el equipo de France 2 que nos esperaba desde hacía más de una hora en un café de Edgware Road. En el camino, Saïki tomó largamente la palabra para hablarnos de la *jihad* y del futuro de los movimientos islamitas. Según él, se necesitaba unificar los rangos del "mundo musulmán para hacer frente a la hegemonía occidental". Estaba convencido de que el planeta actualmente vivía una guerra de religiones. Nos hizo una larga exposición sobre las diferentes acciones que hay que llevar a a cabo en Francia. "Es necesario", repetía, "explicar el Islam a todos los jóvenes *beurs**e incitarlos a regresar a la religión."

Este viaje me ha permitido comprender mejor la construcción de las redes islamitas. En efecto, como lo había hecho Karim antes que él, Mourad se había borrado completamente durante nuestro breve paso por la capital británica. Casi no había hablado en presencia de Abdellah Anès y Omar Saïki. No volvió a dirigirme la palabra hasta que estuvimos sentados uno al lado del otro en el Eurostar.

Hacia las 19 horas mis colegas y yo nos despedimos de Saïki y de su acompañante, Richid Dlimi, quien tomó la precaución de darme la correspondencia que había intercambiado con el embajador de Francia en Burkina Faso para que yo mediara en su caso. Saïki me reiteró su deseo de volver a verme "a solas" en cuanto me fuera posi-

---

* Un *beur* es un joven nacido en Francia de padres inmigrantes de origen magrebí. [N. del T.]

ble. Terminamos este encuentro con francos abrazos como los que intercambian los "hermanos". Mi viaje a Londres terminaba y estaba aún más satisfecho, pues los hechos se habían desarrollado mejor de lo que habría podido esperar. Los "hermanos" no habían sospechado nada. Habíamos podido grabarlos, lo que haría muy buenas secuencias. Era esencial. Sin duda alguna sería interesante que volviera a verlos al final de mi investigación.

Mourad y yo retomamos en el tren nuestra discusión sobre "el Islam y el devenir de los musulmanes". Me confió que su sueño era "morir como mártir en Chechenia o en Palestina". Aunque, según decía, tuviera cuatro hijos, estaba "dispuesto a morir por la causa" y dejar huérfanos tras de sí. Sin embargo, lo que me sorprendió de estas palabras, no era eso. Mourad iba a sorprenderme una vez más afirmando que el pasaporte francés con el que había viajado era "del todo falso".

—¿Por qué me dijiste que era verdadero?

—Tenía miedo de que entraras en pánico frente a los polis.

—No es posible, estás engañándome.

—Te juro que es falso y ni siquiera se dieron cuenta, pero, atención, Djamel, no lo digas a otros hermanos.

No tenía ninguna forma de verificar si este "hermano" había viajado con un pasaporte verdadero o falso. Tampoco le pedí que me mostrara su documento de viaje por miedo a que él expresara el mismo deseo.

Karim y otros "hermanos" son detenidos

Después de mi viaje a Londres, tenía la confirmación de que el nudo duro del terrorismo islamita pertenecía a ese santuario en que se había convertido, para los islámico-terroristas, la capital británica. Se volvió claro para mí que si un atentado tiene lugar sobre suelo francés, habrá sido preparado más allá del Canal de la Mancha. Con toda seguridad, no será el arresto que hizo Scotland Yard de Abou Qatada, uno de los ideólogos del islamismo, o las muchas interpelaciones efectuadas en estos últimos tiempos lo que va a alejar la amenaza u oponerse a los planes de los émulos de Osama Bin Laden.

La semana que siguió a mi desplazamiento a Londres fue relativamente tranquila. Escribir este libro y terminar la investigación para France 2 no me dejaban suficiente tiempo para ver a los "hermanos" cotidianamente. Tuve algunos contactos telefónicos con Karim quien deseaba saber si "el viaje había estado bien" y con Mourad que, según me dijo por teléfono, deseaba "simplemente tener noticias mías".

Durante esa semana encontré en mi contestadora un mensaje de Ahmed Ouerghemi, el islamita tunecino que Karim me había presentado en la entrada del hospital Lariboisière. Quería verme. Le devolví la llamada y le di una cita para la semana siguiente. A pesar de estar corto de tiempo, pude liberarme algunos instantes durante la jornada del jueves 12 de diciembre para encontrarme con Karim. Quería tomar la temperatura y ver si no había nada nuevo. En el transcurso de la conversación, respondió muy raro a una de mis preguntas. De hecho, no sé por qué le volví a hablar ese día sobre el "hermano" que había regresado de la región del Caúcaso y de quien me había hablado dos veces durante el mes del Ramadán. Le reiteré el interés que yo tenía en este "hermano" a quien quería ver. Karim me prometió hablarle.

—Estos días no puede, está ocupado. Prepara un trabajo.

Comprendería lo que significaba "trabajo" y sabría quién era este hermano cuatro días después.

Sábado 14 de diciembre de 2002. Karim me ha dado cita para las 18 horas en casa de su amigo Nassreddine, restaurador en el barrio de Belleville. Este último, quien respondió a una entrevista frente a las cámaras de France 2, ya no quería aparecer. Lo que no sabía era que su entrevista ya había sido suprimida pues no revelaba nada de interés. Nassreddine es un viejo simpatizante del FIS que deseaba expresar sus estados de ánimo sobre la situación política en Argelia, lo cual no constituía el ángulo de nuestro tema. Aunque la policía haya sospechado que él financiaba el terrorismo y aunque mantuviera una estrecha relación con Karim, el restaurador me interesaba mucho menos que los demás "hermanos". No obstante, decidí ir a verlo. Cuando llegué, Karim todavía no estaba ahí. Aproveché para discutir con el restaurador, que me hizo partícipe de sus temores, debido a que ya "había tenido problemas con las autoridades francesas". Mientras discutíamos, escuché la voz de Karim. No estaba solo. Además de Mourad, el chofer de

126

taxi de origen argelino y Sofiane, a quien yo conocía, estaba acompañado por otros cinco "hermanos" que yo veía por primera vez. Tres eran muy jóvenes y los otros dos debían de tener entre 30 y 35 años. Nos instalamos alrededor de una gran mesa, Los "hermanos" querían cenar. La conversación no giraba en torno a otra cosa que no fuera la religión. De los cinco nuevos, sólo uno se tomó el tiempo de hablar conmigo, los demás permanecieron distantes. Se presentó con el nombre de Othmane. Para obtener algunos datos sobre él, le afirmé que su rostro no me era desconocido. Mi interlocutor me respondió secamente que era imposible que nos hubiéramos visto antes. "Estoy en Francia desde hace un mes", me dijo, como para cortar en seco mis preguntas. Yo insistía:

—¿Y en dónde estabas antes?

—Estuve un poco por todos lados, en el interior del país y en el extranjero.

Othmane no quería decirme más y, por mi parte, decidí frenar mi curiosidad. Karim me interpeló de pronto para pedirme que no volviera a fumar en su presencia. Era la primera vez que me agredía así. Sin embargo, no era la primera vez que me veía fumar un cigarro. Ese día quería jugar al jefecito. Me cambié de mesa para fumar, prometiéndole que trataría de dejar el cigarro lo más rápidamente posible. El otro hombre casi no me había dirigido la palabra. Lo único que supe es que se llamaba Merouane. Debía contar con 35 años y no tenía la apariencia de un islamita. En realidad se veía como un "operacional". Vestido al estilo occidental, podía pasar desapercibido.

Hacia las 19 horas, todos nos dirigimos a la mezquita Omar en donde debíamos hacer la oración del *Icha* (la oración de la noche). Juzgué preferible no demorarme con ellos. De hecho, me quedé un cuarto de hora más después de la oración antes de despedirme de todo el mundo e irme. Esa tarde, me había intrigado una maniobra. Del otro lado, de la sala de oración, dos hombres como de 30 años me miraban sin interrupción. Primero pensé que era una coincidencia, pero mis sospechas se confirmaron. Me estaban espiando. El primero no tenía barba y era del tipo magrebí; el segundo tenía una barba muy fina que rodeaba una cara redonda. Los dos estaban vestidos al estilo occidental. El que tenía la barba estaba en jeans y chamarra negra de cuero.

Una vez afuera, me sentí más tranquilo, ya no había ningún rostro sospechoso a mi alrededor. Entonces me dirigí hacia la estación del metro Couronnes, acompañado por Mohamed, el tunecino, el primo de Mourad, con quien me había cruzado al dejar la mezquita. Le pedí que le dijera a Mourad que me llamara por teléfono antes de despedirme y descender en la boca del metro. Sobre el andén, tomé un periódico de mi mochila y me disponía a leerlo cuando vi al hombre de la barba fina caminando a lo largo del andén. Estaba solo. En ese momento, comencé a preocuparme. Cuando llegó el metro, tuve cuidado de subir en un vagón distinto del que había abordado el hombre que me seguía. Era la primera vez que me sentía vigilado así. ¿Era un poli? ¿Un terrorista? ¿Un soplón? Todavía no lo sé. Bajé en la estación Nation para transbordar. Ya no veía al hombre en cuestión. Mi alegría duró poco, pues reapareció. Esta vez, ya no había ninguna duda. El hombre no sólo me seguía, sino que, a todas luces, deseaba hacérmelo saber. Entonces comenzó para mí un calvario. Salí del metro para regresar al exterior. El hombre permanecía como a 15 metros de mí. Había comprendido que yo me había percatado de él, pero eso lo molestaba muy poco. Tomé otro metro y me bajé dos estaciones después para tomar un autobús. Él todavía estaba ahí. Por suerte, había gente y yo estaba mejor situado que él. En una parada más lejana, aproveché la apertura de las puertas cerca de una estación de taxis. Rápidamente me metí a un vehículo. El hombre de la barba fina no tuvo tiempo de reaccionar. Mi taxi ya había partido. Este periplo en París de cualquier forma había durado más de una hora y me había agotado. Por precaución, pedí al taxi que me dejara a algunos cientos de metros de mi casa. Continué a pie bajo la lluvia para asegurarme de que ya nadie me seguía. Efectivamente había logrado librarme de ese tipo. Presentía que los hechos no tardarían en acelerarse.

Lunes 16 de diciembre de 2002. Era un zafarrancho de combate en la prensa parisina. Los servicios de la DST, la Dirección de vigilancia del territorio, detuvieron a tres islamitas en la ciudad de los 4 000 en La Courneuve (Seine-Saint-Denis), en la región parisina. Las primeras informaciones dejaron entender que los tres terroristas presuntos preparaban un atentado en Francia y que debían utilizar productos químicos. Ahmed Belhoud, Mohamed Merbah y Merouane Brenahmed, los tres islamitas interpelados, tenían en su poder una parte de NBC*, un equipo especial utilizado por los que manipulan productos químicos peligrosos. El nombre de Merouane Benhamed me intrigaba. Uno de los "hermanos" a quienes había encontrado el sábado con Karim se llamaba también Merouane. Karim me había hablado, un mes antes, de este "hermano" que había regresado desde hacía poco de la región del Caúcaso. Ahora bien, las informaciones que daba la prensa dejaban entender que Merouane Benhamed era

---

* NBC son las siglas de *"nucléaire, bactériologique, chimique"*, es decir, nuclear, bacteriológico, químico. [N. del T.]

alguien que frecuentaba la región. Además, parece que el hombre detenido había llegado a Francia en noviembre. Había demasiadas similitudes. Estaba casi seguro de que Karim y algunos otros "hermanos" estaban mezclados en este asunto.

Martes 17 de diciembre de 2002. Decidí llamar a Karim para verlo. Quería saber su opinión sobre los recientes arrestos y, sobre todo, saber si conocía a los "hermanos" de La Courneuve. El teléfono de Karim estaba en modo de contestadora. Le dejé un mensaje pidiéndole que me llamara. Dos horas después sonaba mi teléfono. Una colega me dijo que un despacho de la *Agence France Presse* (AFP) (Agencia Prensa Francesa) acababa de reportar el arresto de un cuarto islamita. Su nombre... Karim Bourti.

Para mí fue la sorpresa total. No porque Karim hubiera sido arrestado, sino porque su arresto había tenido lugar el día en que menos me lo esperaba. Sin embargo, decidí llamar a Mehdi para que me lo confirmara y para que me contara las circunstancias de esta interpelación. Comprendí enseguida que Mehdi no estaba al corriente. "Tengo cita con Karim luego de la oración del *Asr*", me dijo. Entonces le pedí que "le informara a Karim que buscaba ponerme en contacto con él". Habría sido torpe de mi parte informarlo.

Hacia las 18 horas, Mehdi me llamó. "Hermano, hermano, detuvieron a Karim", balbució por el teléfono. Entonces me hice el ignorante alarmado.

—¿Ah sí? ¿Pero por qué?

—No sé. Ven a la mezquita de la calle Myrha. Nos veremos a las 19 horas después de la oración del *Icha*.

—¡De acuerdo! Hasta al rato.

Todos los hermanos estaban consternados por las recientes interpelaciones operadas en los medios islamitas. De Belleville a Barbès, no se hablaba de otra cosa. "Es necesario poner atención." Esta consigna se había vuelto la palabra clave. Recibí las primeras llamadas de mis "hermanos". Mourad, Sofiane, Mehdi, Mohamed se reunieron conmigo. Estaban petrificados. Es como si, indirectamente, me pidieran remplazar a Karim durante su ausencia. Uno se preocupaba por el dinero de los prisioneros, otro se preguntaba si debía seguir impartiendo cursos en la mezquita, un tercero esperaba que Karim no dijera nada a los investigadores, en pocas palabras, este arresto y los del día anterior los habían desestabilizado. "Operacionales" y sus sostenes directos habían caído antes de que se produjera un atentado y eso evidentemente había quebrantado al grupo.

Hacia las 19:30 horas, encontré a Mehdi en la calle Myrha. Estaba en un auto conducido por Madjid, uno de los jóvenes "hermanos" que había visto con Karim en el restaurante el sábado anterior. Le pregunté a Mehdi si podíamos hablar sin temor frente al joven "hermano".

—Es alguien seguro, Djamel, no hay ningún temor —me respondió.

Entonces lo interrogué sobre las razones que habrían motivado, según él, el arresto de Karim. Mehdi no estaba al corriente de nada. Estaba preocupado pero permanecía sereno.

—Supe que los policías me buscaban a mí también.

—¿Cómo sabes?

—Salieron tras de mí en Mantes-la-Jolie.

—¿Qué vas a hacer?

—Yo creo que voy a ir al Quai des Orfèvres, pero antes voy a informarme para saber si han soltado a la esposa de Karim.

Entonces, habían detenido a este último con su esposa. Mehdi propuso que fuéramos a verla juntos. Naturalmente acepté. Una vez en el auto, aproveché la ocasión para saber más. Mi investigación evidentemente llegaba a su fin.

—¿Crees que Karim conocía a los "hermanos" de La Courneuve detenidos ayer?

—Evidentemente los conocía. Yo también, los conozco. Todos nos conocemos, Djamel.

Mis sospechas se confirmaron. Karim estaba en contacto con la "ramificación chechena" y los "hermanos" operacionales.

La esposa de Karim estaba en su casa con su hermano menor. Nos contó cómo se había desarrollado el arresto. "Sin tropiezos", precisó. Nos dijo, además, que esta detención entraba en el marco de la investigación que efectúa la sección antiterrorista por el paso en París de Richard Reid, ese terrorista de nacionalidad británica que había querido hacerse explotar en un vuelo de París a Miami, en diciembre de 2001. Mehdi me confirmó entonces que se había encontrado con Reid y que un amigo de este último había llamado a Karim al teléfono celular de su esposa.

Luego de esta rápida discusión, Mehdi se fue a la sede de la sección antiterrorista, la SAT, que pertenece a la brigada criminal. Lo acompañé hasta las puertas del 36, Quai des Orfèvres. Eran cerca de las 23 horas. De este modo, me encontraba "huérfano". Los "hermanos" con quienes me había codeado desde hacía tres meses estaban ahora en manos de la policía. El reportaje que efectué por cuenta de France 2 llegaba a su fin. Era tal vez el final de la aventura.

Viernes 20 de diciembre de 2002. Desde el arresto de Karim Bourti, mi teléfono no dejó de sonar. Los "hermanos" querían información y conmigo la buscaban. Era indispensable que fuera a Belleville para realizar ahí la oración del viernes y para encontrar de este modo a los demás miembros del grupo.

Al final de la oración, encontré a Mourad, el tunecino que me había acompañado a Londres, al igual que a su primo Mohamed y Ahmed Kheïreddine. El primero temía que la policía estuviera informada de nuestro desplazamiento a la capital británica, Ahmed Kheïreddine esparaba que lo detuvieran otra vez. Me hacía falta mostrarles que estaba en la misma situación que ellos.

—Recibí un citatorio de la policía. Debo presentarme el lunes próximo.

Este enésimo pretexto me permitiría desaparecer sin despertar sus sospechas antes de la difusión de mi investigación por France 2 y antes de la publicación de esta obra. Vi la inquietud perfilarse sobre el rostro de mis "hermanos". Mourad estaba particularmente inquieto. En ese preciso momento, sonó mi teléfono. Era Mehdi. Estaba libre:

—Nos liberaron a Karim y a mí. Pon atención, los policías preguntaron por ti. Karim quiere verte el lunes.

¡Qué sorpresa! Los "hermanos" con esta noticia gritaron a coro: *"Alhamdou lillah"* (alabado sea Dios). Los dejé en ese instante preciso. Temía que los investigadores, inconscientemente, hubieran indicado mi verdadera identidad a Karim o a Medí. Desde el inicio de mi investigación, nadie sabía que estaba en contacto con islamitas. Mi temor aumentó cuando Mehdi me pidió ir a verlos a la calle Myrha sin decir nada a los demás "hermanos".

—Dile a Karim que no puedo ir hoy, tengo que arreglar algunos asuntos.

Quería asegurarme de que mis "hermanos" siguieran ignorando todo sobre mí. Decidí dejar que vinieran las cosas, ver la reacción de Karim antes de ir a verlo a su casa el lunes siguiente. Ninguna información se había filtrado sobre la liberación de Karim. A lo largo de todo el fin de semana, apagué mi teléfono celular y me di el tiempo para reflexionar sobre todos los sucesos.

Lunes 23 de diciembre de 2002. Al revisar mi contestadora, encontré doce mensajes de los "hermanos". Karim me había llamado cuatro veces. Por el tono de su voz, concluí que no estaba al corriente de nada. Incluso me agradecía por haberme preocupado por él. Mi intuición me decía que todavía podía continuar durante algunos días. Iba a rondar por el barrio de Belleville esperando que buscara localizarme de nuevo. De ese modo no le dejaría tiempo de reaccionar cuando me llamara porque estaría a algunos minutos de su casa. No me equivocaba. Justo a medio día, Karim me llamó por teléfono. Me dio cita en su casa.

—Estoy en tu vecindario.

—Sube a la casa, Djamel, estoy solo.

Karim todavía estaba afectado por sus cuatro días de encierro. Pálido, pero aún sonriente, me recibió con mucho entusiasmo. Por mi parte, le mostré mi satisfacción de verlo libre de nuevo. Me hizo partícipe de los detalles del interrogatorio, precisándome que los investigadores habían sido muy "correctos" con él.

—Creía que me iba a quedar por dos años.

—¿Por qué te detuvieron?

—Por el asunto Rochard Reid.

—¿Saben que conoces a la gente de La Courneuve?

—¡Dios no lo quiera, no!

Acababa de atraparlo. Karim nunca me había dicho que conocía a los miembros del grupo detenido en La Courneueve. Estos últimos habían sido interrogados el día anterior a su arresto. No habíamos tenido tiempo de hablar de ello. Fue Mehdi quien me había confiado que se conocían. Karim respondía ahora a mis preguntas sin ninguna desconfianza. Además, me dio a entender que su confianza en mí "era total".

—Es en los momentos difíciles en los que se reconoce a los verdaderos hermanos. Y tú, Djamel, ahora sabemos que podemos contar contigo. Mehdi y mi esposa me dijeron que estabas verdaderamente preocupado por nosotros.

—Es natural Karim. Los creyentes son hermanos.

—¡Sí! Somos hermanos. Lo somos en la religión, pero también somos hermanos de armas.

—¿Qué quieres decir con eso?

—Nos están deteniendo uno tras otro. Si quieren ver cómo explotan bombas, les haremos explotar bombas con la ayuda de Dios. Y para eso es necesario contar con todos los hermanos. Es preciso que todo el mundo sepa que estamos en guerra, es la *jihad*, Djamel. La *jihad* es una obligación para todo el mundo. Entonces, es necesario que estés listo.

A partir de ese momento, Karim me habló de una manera directa. Me contaba entre los suyos. Lo cuestioné enseguida sobre la manera en que los investigadores le habían hablado de mí en el curso de los interrogatorios.

—Mi teléfono estaba intervenido. Sólo me preguntaron quién eras tú.

—No les dije nada. Te presenté como un hermano periodista, nada más.

Karim me pidió estar muy atento y ya no hablar demasiado por teléfono. Él estaba consciente de que a partir de entonces yo iba a estar bajo estricta vigilancia. Lo dejé dándole cita para el fin de semana.

Viernes 27 de diciembre de 2002. Iba a realizar la oración del viernes, como siempre, en Belleville. Encontré a todos los "hermanos". Durante la semana, había habido otros arrestos en los medios islamitas, sobre todo, en los próximos a las redes chechenas. Los militantes interpelados habían planeado cometer atentados contra intereses rusos en Francia. Los "hermanos" sólo hablaban de este asunto. Seguían inquietos, persuadidos de que los arrestos iban a continuar. Vi a Karim después de la oración. Estaba con un grupo de jóvenes "hermanos" a los cuales prodigaba enseñanza religiosa. Cada uno de ellos era un Djamel Loiseau en potencia. Hablaban de religión, pero también de la *jihad*. Uno de ellos, Madjid, el que acompañaba a Mehdi el día de la detención de Karim, me preocupaba especialmente. Tenía el perfil de los *beurs* (re)islamizados y listos a seguir al pie de la letra las enseñanzas de su gurú. Madjid le interesaba a Karim en muchos aspectos: era joven, *beur* y trabajaba en... el aeropuerto Roissy-Charles-de-Gaulle.

Intercambié palabras sin interés con Karim antes de escabullirme. Sobre todo, quería saber la fecha de emisión del reportaje sobre "los musulmanes" que yo había realizado para France 2. Le di a entender que estaba programado para finales de enero prometiendo mantenerlo informado. Después de esta breve entrevista, nos dimos cita para la semana siguiente.

Martes 31 de diciembre de 2002. Tengo cita con Ahmed Ouerghemi, ese islamita tunecino que no se priva de amenazar de muerte al presidente de Túnez a través de fax o correos. Tengo cita con él a fin de entrevistarlo en el marco de la nueva investigación que planeaba realizar por cuenta de M6. Este islamita me interesaba porque está especializado en documentos falsos. Quería hacerlo caer en una trampa en delito flagrante con ayuda de una cámara oculta. Al momento de nuestra entrevista, me dio el discurso habitual contra el régimen tunecino, George Bush y Ariel Sharon. Es el último islamita que vería durante el año 2002.

A partir de entonces, ya no tenía ningún problema para evolucionar en los medios islamitas. Me había vuelto uno de ellos y ya no me rechazaban para nada. Había mantenido que proseguiría esta última investigación con ellos hasta la mitad de enero, antes de alejarme y regresar a mi vida, a mi familia y a mis amigos.

Epílogo

Mi infiltración llegaba a su fin. Había decidido mantener el contacto hasta el 20 de enero del 2003 a más tardar, día anterior a la publicación de esta obra. Igualmente había convenido proseguir la investigación por cuenta de la emisión *"Zone Interdite"* (Zona Prohibida) emitido por M6. Este trabajo debía efectuarse a través de una sociedad de producción.

Además, estaba determinado de igual modo a retirarme sutilmente antes de que quienes durante más de tres meses me habían considerado como su "hermano Djamel" descubrieran mi verdadera identidad.

Karim, Mehdi, Mourad, Sofiane, Mohamed, Ahmed, Omar, Abdellah, Redha y todos los demás son islamitas. Son terroristas en potencia. Discutí, comí, recé, reí con ellos. En ningún momento dejé de ser sensible a sus palabras y a sus tesis. Esta aventura fue para mí muy formativa. En el plano profesional, me permitió confirmar mis ideas sobre el islamismo. Esté movido por el interés de una ideología wahabita o por el de la cofradía de los "hermanos musulmanes", el integrismo sigue siendo una falla que hay que erradicar, una forma de fascismo que combatir. No existen islamitas "moderados" así como no podemos concebir un fascismo "moderado". A lo largo de toda esta aventura, constaté qué interés le otorgan al doble discurso aquellos a quienes llamaba "mis hermanos". De ahí la importancia para ellos del "parecer" que les sirve para disimular lo que son y lo que piensan realmente. Ésa es la *takiya*. En el plan personal, esta experiencia me permitió vivir entre las personas a quienes siempre combatí, medir la magnitud de los daños en su estructura mental que se niega a toda diferencia, todo diálogo y proclama, antes que nada, la negación del otro.

En mi medio personal y profesional, me han hecho una pregunta: si en uno u otro momento sentí simpatía hacia estos "hermanos" a quienes en realidad traicionaba, si sentía remordimientos, algún estado de ánimo. ¡La respuesta es NO!

Es NO, porque su comportamiento, su gentileza aparente, su corrección estaban destinadas a Djamel Mostaghanemi, su "hermano" y no a Mohamed Sifaoui. Si hubieran oído de este último, con toda seguridad lo habrían asesinado como asesinaron o desean asesinar a todos los que no forman parte del juramento de fidelidad al islamismo. Los vi sonreír falsamente hacia mis colegas de France 2 antes de tratarlos como "miserables infieles". Oí sus discursos de odio. Constaté su desprecio hacia la vida. Escuché su himno a la muerte.

Consciente de esta realidad, me previne mentalmente con anticipación contra algún "síndrome de Estocolmo". Mis "hermanos", jamás lo olvidaré, son antes que nada "hermanos asesinos".

Mis "hermanos" asesinos se terminó de imprimir en junio de 2003, en Encuadernación Ofgloma, S.A. Calle Rosa Blanca No. 12, col. Santiago, Acahualtepec, C.P. 09600, México, D.F.